教育議題
的思考

張芳全◎著

作者簡介

張芳全

現　職
國立台北教育大學國教系助理教授

學　歷
國立政治大學教育學系博士

經　歷
行政院經建會科員（從事教育政策規劃、分析與評估）
2003、2004、2005 年獲得國科會專案補助研究

著　作
教育政策分析（2004.4，心理）、國家發展指標研究（2004.1，五南）、歷任教育部長的政策（2003，商鼎）、教育政策導論（2003，五南，二版）、教育政策立法（2000，五南）、教育政策（1999，師苑）、教育問題與教育改革──理論與實際（1997，商鼎，四版）。作者並發表實證性學術論文數十篇，散落在各學術期刊

專長
教育政策分析、教育經濟學、量化教育研究法

序

知識的活學活用，是教育工作者所關心的。實用主義者認為學校所教的教學內容與課程，能與生活結合，能讓學生習得知識之後，在日常生活中應用，相信也是社會所期待。

　　本書寫作主要是以台灣社會所發生的活生生的教育議題作為分析主體，透過教育學理及教育知識對台灣教育的現象進行分析是本書的主要範圍。也就是說，作者將近年來台灣發生的教育議題，包括教育政策、教育現象、課程教學、教師議題等進行分析。

　　本書共分為六章。第一章是教育政策議題、第二章是考試升學議題、第三章是國民教育議題、第四章是師資培育與教師議題、第五章是課程與教學議題、第六章是高等教育議題。本書寫作特色不但與時事、生活及教育學理結合，而且每篇文章均以短文呈現，且每章都有值得發人省思的問題討論，其目的在讓讀者可以花最少時間，而對教育議題有所掌握、分析與批判，更重要的是這些議題是跳脫出教育類教科書的編寫方式，對讀者當有啟發。

　　本書能夠出版要感謝心理出版社的協助，也感謝總編輯林敬堯先生的叮嚀，使本書得以順利付梓，本書如果有疏漏之處，尚祈不吝指正。

張芳全　謹識

2005.07.06

專序

　　作者在本書完稿之後，正逢服務學校的老師退休茶會。作者參與其中，會中有位服務國北師（現改為國立台北教育大學）三十七年的馮允禮老師發表退休感言。其內容讓人深刻體會出他對教育的熱愛，以及對教育在時空轉變下不再的歎息，字字珠璣，感人肺腑，發人深省。作者徵求允諾，將「悄悄的走」退休感言載於本書，供讀者參考省思，在此祝福馮老師退休平安愉快。

悄悄的走

馮允禮

　　最近，校園裡流行一句問候語：「馮老師，您退休啦！」是的，這是一個進修的時代，也是一個退休的時代。

　　不管您的錶走不走，時間總在指縫中流失。不想眨眼，服務本校近三十七年卻轉眼過去。我本想悄悄的走，如同我悄悄的來。但總有些話要說。

　　人類的希望在孩子，孩子的希望在教育，教育的希望在師資，師資的希望在師院，所以，我來到師院。

　　想當年，來本校的多是一流的學生，但好的材料仍然要有好的品管，才會有好的產品，所以，我成為大刀。如今，時空不再，殺手已遠。

　　國父致力革命也不過四十年，所以，我退休。

　　退休後，說到做到下列三點：

教育議題
iv ■ 的思考

一、不上山傳道。

二、可以專心的愛老婆。

三、不是這樣，不是那樣，一切身不由己。

最後，感謝有這麼好的校園環境與優秀師生。祝大家萬事如意。謝謝！

目次

CONTENTS

教育議題的思考

教育議題
vi ■　的思考

第一章

教育政策議題

教育議題
002 ■ 的思考

壹、教育部長的條件

　　民主國家之中，中央最高的教育行政主管——教育部長屬於政務官，官隨政黨輪替是常見的事。我國從 1983 至 2005 年已有十三位的教育部長，平均每任教育部長的任期在一至二年。為何部長更換如此快呢？外在因素很多，其關鍵是教育部長的人格特質。也就是一位好的部長除了要有隨時做好政黨輪替的心理準備與為政策負責之外，更重要的是，好的、稱職的以及為人民所接受的教育部長是必須具有重要基本條件的，若其行事風格偏差，將無法讓全國師生及社會所接受。這些條件如下：

　　第一，教育專業搭配個人智慧與危機處理能力。教育專業知識包括教育部長對國內教育發展、教育史及過去教育政策均能掌握，同時對各國的教育發展能深入分析，對各層級教育政策有豐富的專業知識判斷，這種判斷需要智慧。此外，因為教育資源逐年減少，所以教育部長對教育經費分配及運用效率、高等教育量是否應擴張或維持、職業教育發展、國民教育的課程變革，乃至幼兒教育政策與發展都應展現出專業與智慧。

　　第二，與上級及層峰關係良好，但不拍馬屁。因為教育部長隨著政黨的層峰更替，不免要換人做做看。教育部長為行政院長任命，經過立法院同意。所以若教育部長不了解上意、未能配合層峰要求，一意孤行與執著於個人的教育政策，將無法獲得上級長官欣賞與支持。與上層關係良好但對上層不拍馬屁，錯誤決策都勇於負責，才能成為好部長。

　　第三，與部內關係則是尊重各單位部屬專業判斷，但不因循苟

且與鄉愿。因為教育部是官僚組織，分層負責、專業分工、依法行政、不徇私是重要特性。在部內各單位，例如高教、中教、國教、技職、留學教育、社會教育等都有其專業領域，隔行如隔山，因此在未能尊重下級單位或部屬的專業分析、判斷與意見前，就形成教育政策，不要掛一漏萬。

第四，與立法部門要和諧共生包容，態度上不藐視與敵對。教育部各項教育政策的立法及執行都需要立法機關監督，因此教育部長與立法機關的關係，不僅要謹言慎行、建立良好的國會聯絡關係，對民意代表質詢更應持客觀、說理、冷靜、平和、有一分證據說一分話、不該說的話不說、立場不對不應正面衝突，秉持無風不起浪的態度，誠心接受民意機關監督。如果教育部長對立法機關或民代過於咄咄逼人與失去分寸，將影響教育法案順利通過。

第五，與其他平行及下屬行政部門協調良好，但不要本位主義，這才不會各吹各的調。教育政策需要其他部會支持，其無法在真空環境下執行，所以對橫向與其他行政部門應有良好溝通管道，此時教育部長的角色格外重要。因為其他行政或立法部門可能應支持教育政策而未支持，此時需要教育部長居中協調與掌握，才能讓教育政策在各機關配合下，順利執行。

第六，展現個人價值特色，但不讓政策偏好與意識形態過重。個人太過強調意識形態將負面影響社會對教育政策之支持。教育基本法規定教育政策應本中立原則，不受政黨及個人意識形態左右。意識形態是指個人價值觀、偏好、個人行事風格等，因為它能決定教育部長的態度，所以影響了教育部長在教育政策的方向。如果教育部長的意識形態過於偏執、狹隘、目光如豆、沒有遠見、無法順應多元社會變化，將會讓教育政策走向死胡同。

第七，國際視野與本土化觀念相容，不相排擠與矮化彼此。教

育部長不能僅在所謂的本土化政策內畫地自限，相對的應結合國際觀念，與世界接軌，這樣才不會讓本國的教育政策如井底之蛙，無法透視世界的教育發展。國際視野是提高教育部長對教育發展的觀念、對各國教育變革能有獨到見解，同時從這些國際觀念之中，選擇適當者在國內執行。

第八，教育部長與社會認知及觀念差異不可過大。社會認知包括對產業界、社會大眾與學校師生。如果教育部長所關心的問題與民眾及師生需求南轅北轍，此時民意無法上達，民眾問題無法形成公共議題或政策，就脫離了民意。另一方面，如果教育部長對未來教育產業趨勢未能掌握，無法完善規劃未來的教育方案，此時學校教育與產業脫節，學校所培養的人力不符合產業界需求，就是一種名器教育，因而造成學校資源浪費，也誤導個人的教育投資方向。

總之，教育部長是國家最高的教育行政長官，如果教育部長的個人專業不足、修養不夠，與立法及行政關係不良，且又與層峰意見相左，只一味展現個人一言堂的政策思維，無法尊重部屬的觀念及意見，這樣的部長是無法獲得支持與肯定的。

貳、教育政策形成宜經辯論

當前很多教育政策形成都缺乏教育政策辯論，也就是並未接受專業及民意嚴格把關。因為政策辯論是民主國家為追求更好政策，所進行的公共政策討論。政策辯論是民主國家的政黨政治產物，也是政黨政治的重要一環。因此為了讓教育政策更具體可行，任何一項教育政策辯論在民主國家都不可免。

尤其，近年來各政黨意識形態高漲，很多政策在沒有尊重專業

的前提下，如何讓社會各界接受不無問題。再加上如果不進行政策辯論，很可能形成一言堂的教育政策、極權的教育政策、不與民眾對話的教育政策、下屬機關無法執行的教育政策。

➡ 哪些政策沒有辯論？

就如近年來高中歷史課程、多元入學考試爭議、基本學力測驗是否適合學生考試類型、幼稚園是否應進行雙語教學、幼托整合是否得宜、教育經費是否應有下限經費保障、現階段高等教育是否應持續擴增、大學學費是否應當調整、大學教育應當博雅教育或是專業教育、母語教育是否應在國小視為正式課程、綜合高中是否應該繼續實施、是否應延長十二年國民教育、九年一貫課程是否應當廢止等，都是國人目前感到苦惱的政策。為何會有苦惱？其主因在於政策形成過程並沒有進行完整的評估分析，而在這分析之中，又以是否有進行政策辯論為主要因素。也就是說，當政策尚未成熟時就要求相關單位執行，這樣的政策可能無法讓民眾及學生或教師接受，因此政策辯論實為當前教育當局在執行任何政策之前應該要進行的重點。

➡ 教育政策辯論目的

教育政策辯論之所以重要，是因為政黨為了執政、讓民眾有更好的公共政策，或讓政黨具有特殊色彩，因而提出專屬於某黨派的公共政策。所以政策辯論的重要性有幾項：第一，透過政策辯論讓社會大眾了解不同政黨對政策主張、理念及未來要執行的政策方向，它可以拉近政黨與民眾的距離。第二，透過政策辯論可以掌握

政策可能的問題，這些問題包括政策經費是否適當、政策執行是否有困難、政策執行機關是否合乎權責、政策配套措施是否完善。第三，透過政策辯論可以掌握政府重要的施政，同時民眾亦可以監督政府的政策走向。第四，政策辯論主要在宣示政府的作為，但因為辯論可以釐清政府未思考或未能周延擬定的政策方向，此時就可以透過辯論的結果調整政策或修正方向。第五，政策辯論將讓政策執行、政策形成與政策評估更具體。因為政策辯論能凝聚共識，將不必要的問題及可能似是而非的問題釐清，此時不管是在教育政策執行之前或執行之後的政策評估都較易掌握。

教育政策主要在解決國民及學生的教育問題。教育政策要貼近學生、老師及社會大眾，更應聽聽民眾及專家意見，否則對教育政策形成及評估，或者執行過程中，必然會有更多問題產生。然而，教育政策辯論應掌握幾項重要原則，否則可能淪為御用的政策辯論、假象的政策辯論來魚目混珠。這些原則如下：第一，教育政策辯論應基於教育現象的事實，不可以狡辯。第二，教育政策辯論應有多方的專業人士參與，不可以僅有單一政黨、單一行政機關人員，或單一類型的學者及專家，這樣可避免為執政的政府護航。第三，教育政策辯論應公開，甚至應有更多的社會大眾參與，經由辯論的雙方提出意見，讓社會各界了解某項政策正反面的問題。第四，教育政策辯論應成為機關組織在形成政策前的一種前置重要任務。也就是政策執行與形成之前，都應進行辯論，如此才可掌握政策在未來執行時可能面臨的問題。同時也可以了解政策可能要解決哪些利害關係，讓政策在執行之後順服力提高。最後，教育政策辯論不可淪為政黨粉飾太平的工具，也就是政黨不可透過御用學者的政策辯論，來騙取人民的同情與支持。

總之，台灣是民主化國家，民主化前提在於意見公開、尊重專

業意見所形成的教育政策，因此政策辯論是不可或缺的一環。是故，當局應重視教育政策辯論的重要性。

參、教育政策規劃問題

國內教育政策紛雜且亂、不延續、效果不佳、未統整是有目共睹，因而在政策執行時問題特別多也是常態。這樣的情境導因於教育政策規劃不當。也就是，教育政策規劃未能掌握政策問題核心、規劃人員對教育政策問題敏感度不高、規劃者對未來前瞻不足、行政首長不專業且不了解教育發展狀況，因此教育政策執行後常為各界爭議。

過去一直以為教育部長換得快是政策無法延續的主因，但事實上，它僅是原因之一，重點在於教育政策規劃不周延才是問題的核心。在教育政策規劃過程中，教育主管人員往往不一定知道教育政策始末，也沒有人可理解整體教育政策方向，因為錯誤認知而規劃出不當方案，才會造成政策執行後一再產生問題。就如目前多元入學方案究竟家長理解多少？方案中有哪些配套？行政人員掌握該方案的內容多少？基層執行者了解該方案嗎？又如九年一貫課程在執行之後，有哪些調整？規劃者能讓民眾理解嗎？基本學測 PR 值計算及其意義為何？都讓人無法理解。

➡ 規劃不當的原因

一般說來，教育政策規劃不當有四大主因，這些因素環環相扣，說明如下：

　　首先，行政首長的價值觀偏執。這方面包括行政首長個人對教育政策態度不積極、教育專業程度、教育哲學思考不充足、個人行事風格、太武斷的意識形態、褊狹的社會及個人價值觀。同時行政首長與社會大眾接觸不多，輿情無法上達，曲解輿論對政策要求。再加上可能教育首長與國會之間互動關係不良，常與國會議員對槓與衝突，以及教育首長與本身行政幕僚授權不好，喜歡以「官大學問大」姿態要求下屬，部屬無法對教育首長完整、合理及無偏袒建言。此外，教育首長與執政黨層峰關係，究竟行政首長是主流或非主流、國王人馬否？以及教育首長與上一層級首長互動情形（教育首長無法領悟行政院長主張及宣示）、與專業團體及壓力團體的互動情形等，都是影響教育政策規劃的主因。

　　其次，政策規劃者對教育政策的態度。教育機關是教育政策規劃主軸，人員更是政策規劃主角，因此規劃者態度過於保守消極（例如抱持多做多錯，少做少錯，沒有規劃政策一樣照領乾薪，多一事不如少一事的想法）、對政策熱衷程度不夠（期待不要過多改革，因為改革將產生新的職務變動）、專業程度不佳（並沒有教育政策專業、規劃方法及技術的知識）、行政人員沒有政策規劃前瞻性目標（行政人員目光如豆，未能了解國家整體的教育發展方向，畫地自限），想到哪裡就規劃哪些政策。因此如果行政人員過於保守與武斷，不聽取民眾及基層意見，其所規劃出的教育政策將問題多多。

　　第三，規劃組織本身的問題。教育政策規劃組織過於本位主義、不聽取其他組織意見（通常政策規劃完成都會有專家學者或其他機關的審議）、無法接受社會輿論批評（對社會批評不聞不問，也不檢討問題何在，卻怪罪社會）、行政組織無規劃能力（可能是專業人力不足）、行政組織過於保守、組織沒有新觀念及新的規劃

方法與技術（例如行政機關沒有人員進修，也沒有請專家學者演說或沒有達到學習型組織的文化）、沒有專責單位負責政策規劃、政策規劃僅是「拼裝過去零星、片段的政策方案」、行政組織的專業及權責相稱情形不佳。

最後，教育政策規劃組織與外在環境關係。教育行政規劃不是在真空情形下閉門造車，它需要有對外吸取政策觀念、政策規劃方法能力，以及可以接受外在對政策規劃批評的胸襟與雅量。尤其教育政策規劃過程中或在規劃完成後，能否接受外在專家學者、智庫提供意見調整政策方向，也很重要，而不是教育主管機關本位主義、自我表述的政策規劃。易言之，如果組織與外在環境是閉鎖、無法交流，將造成政策規劃無法周延吸納多元意見，所規劃出來的政策亦無法反映多數人的心聲及需求。

總之，目前台灣的教育政策繁多，教育問題更多，會產生這些問題，主因在教育政策規劃不當、尚欠縝密思考。因此，政策規劃組織應不斷的接受外來意見，行政首長應拋開價值觀的偏執，規劃人員應態度積極，否則規劃出的政策無法執行，勢必產生更多問題，得不償失。

肆、教育政策評估不易

近年來，政府提出許多教育政策，但教育政策成果相當少。這除了教育活動成果不易立竿見影之外，它也受到教育政策評估限制。由於教育活動與教育產業多樣性與複雜性，因此，評估教育改革方案往往不易精確與落實。

教育政策評估不易，是受到幾項原因限制：

　　第一，教育政策目標模糊與不定：教育政策目標模糊，一方面是因教育產業特性，一方面則是政府政策制定過程草率，尤其在政策制定的過程中常包含各方意見，而有意或無意地接納不同政黨、民意代表、專家學者的建言。因此，在政策目標訂定時往往會造成多而雜、雜而模糊的教育政策與目標，使得教育改革在教育政策目標規劃及評估時無法操作化與具體化，因而影響執行成效。例如，教改人士要求教育要鬆綁，我國教育宗旨要扶植社會生存、自治精神（憲法一五八條），以及國民中學要培養德、智、體、群、美五育均衡的教育目標等，都相當模糊與不確定。很難理解「鬆綁」的標準何在，「自治精神」意義又為何，群育、美育、德育如何衡量，尤其最為人所接受的智育，其界定與含義如何釐清等。

　　第二，教育活動因果關係錯誤推斷：教育活動運作與發展及演變受到教育活動或政策以外的因素影響，並不單由教育政策實質結果所造成，因此，在推展教育改革時難做因果推斷。然而社會大眾及教改人士卻往往有因果關係的錯誤推斷，促使教育改革在執行上有所困擾。例如：青少年飆車人數激增，社會大眾都歸因於學校教育失調所造成，若仔細深究飆車原因，家庭教育、社會教育、媒體以及青少年本身等都是主因之一，並非只有教育活動因素而已。

　　第三，教育政策與教育改革成果或影響難以評估：任何政策執行結果均有正反面影響，而且影響層面包括有形及無形，如何正確評估教育改革成果，實受到限制。尤其教育政策的性質不但具有多面性、複雜性與統合性，而且影響的層面更是無形。因而在階段性的教育改革成果轉化為下一階段的教育改革步驟或方案時，會困難重重。例如教育部的輔導六年計畫推行至今，其影響層面應是正面與無形，但因為該計畫缺乏具體與明確的目標，促使執行成效無法客觀衡量。在成效與結果無法評估的情形下，實無法修正改革方案。

　　第四，在設計教育改革方案的資料取得困難：教育改革人員對改革方案評估所需資料，例如人口統計、受教人數、受教時間、經費分配等，無健全資訊系統，或執行者隱瞞事實，或主政者鴕鳥心態，或國外官方資料取得不易，致影響教育改革方案的成本效益、利弊分析。在相關資料或數據缺乏下，要擬定一份良好教改方案實如巧婦為無米之炊。事實上，雖然教育改革看似只有教育體制問題，但是所牽連的相關因素卻相當多，所需客觀資料當然不少。因此，要設計一套具體可行的教改方案實屬不易。例如國中生自願就學方案在實施前，因各方訊息、資料無法取得及許多家長抵制心態，故無法完全推行，尤其官方又未能追蹤學習者各項資料，導致方案草草收場。

　　第五，政府官員或專家學者有不同觀念及見解，因而抱持抵制心態：政府官員為其自身利益著想，對於不利其仕途者，都加以抵制；而專家往往也因為教改理念的不同，區分成不同的派別，所提出的教改方案，在內容上、時間上、執行技巧上就有所不同，因而產生專家學者相互抵制的心態。因個人利益而抵制教改實屬不可；因觀念、見解、理念所造成教改方向歧異而產生衝突，進而導致教改窒礙難行者，尚須進一步溝通協調，始有教育改革的進展。

　　第六，教育改革方案的實驗設計本身受到限制：教育產業所針對的對象以學生為主體，學生有受憲法保障人身安全的權益，因此在受教的空間上、身體上及環境上有免於恐懼的顧慮。然而許多教育改革方案的提出，都必須要有階段性的實驗，才可能了解改革方案的可行度、可靠度及其利弊。教育產業與其他產業在性質、功能、內容，尤其是對象不同，因此在教育方案實驗困難重重。再加上，教育改革方案的實驗設計不論在取樣上（如受試學生族群的特性）、準備上、內容設計、時間安排和教師分配及場地選取上，在

無法達到盡善盡美的前提下，評估方案的優劣往往就受到限制。一種教育實驗設計，也深受實驗設計過程（如社會輿論、價值觀念、學生單位成本過高等）的限制。

第七，社會價值多元化的迷惑：社會科學本身涉及許多不同的價值觀，在價值多元化的社會中，教育改革評估結果往往就失去準據。行政官員各持有不同的理論與見解規劃教育政策。此外，學生、家長及站在第一線教學的教師也有其不同的價值體系，因此，要在多元的價值系統中擇取一個適切可行的理念，實屬不易。這也是現階段教育改革難於有成的主因之一。

綜上，教育政策評估確實不易，尤其教育產業又具有複雜性、人本性與目標性。期許有關當局能掌握方向，適切開出藥方，診治教育產業病態。

伍、被質詢的藝術

民主國家，民意機關對行政機關監督是正常現象。民意機關對行政機關監督大抵透過民意代表對行政首長議會質詢、書面質詢及對行政機關質詢是最常見的方式。公共政策要能順利執行，經由民代對首長質詢監督是合理且可接受的。

然而，行政首長被質詢有很多種方式，例如一黨獨大的國家，民代對行政機關首長監督常以「表面方式」對首長質詢，也就是民代質詢的議題及方式，行政首長早已知道，且議堂中也都能回答，甚至可以侃侃而談。會有此的原因是民意機關與行政機關在一黨獨大下所產生的結合，所以民意機關的議員要質詢何種政策議題，都已在會前會私下串通了，行政機關也掌握了各種資訊，所以這種質

詢僅在演一場戲而已，整個質詢過程完全是套好招數。也就是，行政首長回答的內容都是民意代表所要的，此質詢無法引起更多人對公共政策的關心。因為民代已被行政機關所收買，質詢過程也受到執政黨及其議員控制。因而民代質詢問題，行政首長總是老神在在，雙方都沒有任何肢體或語言的藝術，好似只要將欲質詢問題「念過一次」，行政首長答案就出來了。

　　還有一種質詢方式是非常具爭議性的，它常產生在兩黨政治分明的立法機關。也就是，民意機關與行政機關呈現相互對立或監督的情境，這種情形下，民意機關議員質詢的議題及內容，行政機關首長無法掌握，或者行政與立法機關的不信任，或行政首長在公共政策無法掌握，因而在受質詢時，發表出不宜言論，影響到行政與立法機關和諧的關係，最直接的是雙方的衝突。此時行政首長就需要有良好的被質詢藝術才能化解，而這種藝術需要民意代表依質詢情境來進行調整。

　　換言之，行政首長應掌握民代意見、議題及所要質詢的方式。例如，民代提出議題與質詢主題無關者，行政首長可不回答，作為回應。又如民代提出的議題與該行政首長管轄有關的公共政策，且是行政首長應回答者，但在回答之前就理解它是具爭議性的議題，此時行政首長更應有被質詢的藝術。也就是說，行政首長應對被質詢的議題運用四兩撥千斤與笑傲江湖的方式，不要硬碰硬，將議題轉移；或者是運用專業知識來回答民代質詢，這樣較能讓民代及各界接受。但是在專業判斷上，民代無法接受行政首長意見及回答內容時，行政首長切不可以有「官大學問大」、「民意機關或民代又沒啥了不起」或「專業知識勝過民代」的觀念，而應以反向方式迎擊民代，因反擊將造成行政與立法或首長與民代的更大衝突。若被質詢的行政首長已有先入為主或本位主義，而對民代意見不尊重、

蔑視，此時要想讓行政首長順利被質詢是不可能的事。

　　以前述論點來看立法委員對教育部長質詢的火爆場面，就可了解行政首長對某些議題或某些民代已有先入為主或本位主義，因而產生質詢過程中的語言、肢體衝突。這衝突場面在民主國家是反教育。一者行政首長對質詢並沒有掌握受質詢者應有的態度，再者如果行政首長因民代的一項議題就暴跳如雷，與民代對槓、起衝突或說出不該說的話，這可能更顯示出行政首長對質詢藝術並無法掌握，也代表行政首長無法對公共政策負責。尤其看到教育部長對於參拜日本神社的議題與對民代的回應，就可看出行政機關的首長對質詢藝術仍應再加強與修鍊，否則沒有被質詢的藝術與風骨，硬幹下去，將是反教育。

　　最後，在前述的爭議性質詢議題之下，被質詢者更應抱持著謙虛與寬容的態度，接受民代的監督。同時更重要的是，被質詢者應展現行政首長有被監督的風範與雅量，試想：如果民代不監督，就讓行政首長與行政機關為所欲為，這更讓公共政策無法兌現民意，也更無法反映政府是在解決人民問題，因為被質詢者沒有被監督的心態與觀念，只有自我中心、本位主義的觀念，這豈是民主國家的常態？又哪是民主國家立法機關對行政機關的制衡呢？

陸、公聽會的形式

　　民主國家，一項公共政策成形，必須經過一段嚴謹的過程，例如對於政策問題掌握、政策分析、政策規劃、政策評估及讓政策合法化等歷程。要讓一個成熟政策付之實施，其過程是相當複雜的。因此為了凝聚各方的意見，不管是行政單位、行政人員、政策利害

關係人、產業界及社會大眾等，都會經過一段政策問題或政策規劃的諮詢期。也就是說，政府單位對於政策形成都會舉辦公聽會，來蒐集相關的政策問題及意見，以作為規劃及分析與未來執行政策的參考。這是民主國家的常態。

然而，其實很少人了解「公聽會」究竟是何種形式，也就是說，在很多時候公聽會是一種假民意的會議，它主要提供政府單位一層糖衣，看似讓民眾有對話的空間，但實質上行政機關卻不是如此，以下是筆者在近年所觀察到政府部門所辦理的公聽會形式。

第一，御用型公聽會。這類的公聽會主要由行政當局所主導，它在議題設定、邀請人員、討論內容以及可能做出的結論，都是以行政當局的角度考量，並未將參與公聽會的所有人員的意見，納入分析與作為結論依據。也就是說，這類公聽會在執政當局實已有預設立場、預設結論及預設參與人員。它是一種表面上民主、但卻由少數人掌控的公聽會。會場主持人由舉行公聽會的行政當局所掌握，同時公聽會發言者亦都是由行政機關所控制或是事先安排，所以這樣的公聽會可能會變成「一言堂」。有些人如果不知實情，參與了這樣的會議者可能會有被出賣的感覺，因為會議結論早已完成，這些非御用型的人員僅能當作一種意見的砲灰，或充其量作為假民主的一種裝飾而已。其實，在時下行政當局所召開的這種公聽會非常多，大家只是心照不宣罷了。

第二，完全民意型公聽會。完全民意型的公聽會，主要是參與者都是異質性的，即並不是御用型中由行政機關所安插或是刻意的安排。因此在公聽會所討論的議題、議程、會議程序，乃至於參與的人員及最後的結論，都可能有很大的變數，也就是說，可能會議中會尊重每位參與者的表達內容，而由主席做出結論。易言之，主席並非由行政人員所安排或主導，因此在會議中進行的各項程序亦

相當民主。因為相當民主，所以會議中討論的過程可能過於火爆，因而形成「異言堂」的公聽會。通常這樣的類型較不易取得共識，但因為很民主，所以可掌握對同一議題卻有不同意見的論點。表面上無法取得共識，但是在這樣多元意見的溝通及表達之後，更能掌握每位參與者的意見及想法，所以更能帶動下一次公聽會取得共識的可能及機會。因為民意型的公聽會參與者異質、意見多元、討論熱烈，所以想取得共識並不易。

第三，專業型公聽會。專業型公聽會主要是由特定的專家學者對某一特定或特殊的議題進行討論。因為議題特殊，議程及參與者也較特殊。這種公聽會是一般社會大眾較無法參與的，因為參與人員及條件受限，所以它可能是御用型與完全民意型的公聽會的結合。此種公聽會參與人員並不一定多，但發言的內涵較為專業，可能有專業素養或專業知識，因此討論及進行結論亦較為專業，並非一般社會大眾所能理解。

總之，政府公聽會主要的目的在蒐集政策問題的意見，並希望達成政策形成或政策執行的順利。然而，當局往往為了讓公共政策過關，因而舉辦一些假民主、假民意以及御用型學者主持或是由執政當局所主導的公聽會來混淆視聽。這種作法實無法真正吸收民眾的意見，解決民眾的問題，反而在公聽會中形成所謂的共識，因而形成執政黨的政策，這樣的政策實無法反映真正的民意需求，因為它完全被掌控且被執政當局利用了。

柒、政黨政策主張公開的必要性

民主國家的政黨政治是常態。政黨為了讓選民接受及肯定，不

管是在野或在朝，都會有它們在不同領域的政策主張。例如對社會福利、教育、經濟、環保、國防、外交、文化、體育、能源、經貿或對弱勢族群（例如原住民）的政策主張。也就是說，透過這些主張，讓人民不僅在選舉期間或平時就可理解政黨的政策，而政黨亦可因為該主張來獲得人民認同，因而受到人民支持，獲得執政權。這在歐美先進國家常見到，但國內政黨政治仍未臻此境界，是國內各政黨需要努力的方向。

政黨的政策主張如果能明確陳述，透過傳播及相關方式讓民眾了解，此時可達到幾種效果：第一，讓民眾了解在朝與在野政黨在不同政策面向主張的差異，日後人民可藉此選擇執政黨，也可作為民眾評比的參考。第二，政黨的政策主張若明確，將有益於政黨政治成熟，不同政黨將相互比較，以作為吸引選民的重要方式。第三，如果政黨有明確的政策訴求，不僅讓人民掌握該政黨發展的方向與了解政黨黨員的屬性，而且也可以深入檢視政黨政策主張的特色，也就是說，它讓選民了解究竟不同政黨之間，在不同的政策，其主張路線為何？有無差異？有何相近？這可讓民眾對日後不管哪個政黨執政，對政策都能有所期待。第四，政黨的政策主張可作為檢視在野對執政黨政策監督及政策執行的保障。

以在野黨來說，因為在野，所以提出的政策若是為多數民眾接受，並獲得民眾的信任與支持，這表示執政黨的政策在某些方面可能有問題，必須調整政策主張或方向，否則將失去民意及執政權。就如同 2005 年 5 月中國國民黨副主席江丙坤出訪中國大陸，取得十項共識，這些是多數民眾的心聲及意願，但執政黨無法提供這樣的公共政策或政策主張，此時執政黨就無法滿足國民需求，並解決國民問題，就需要調整或學習在野黨的政策主張。

再以目前台灣政黨政治來說，各主要政黨對政策主張都不明

確，民眾無法理解各政黨主張為何，倒是在傳媒常見到少部分政黨的議員及其工作團隊人員指出他們的主張。也就是說，目前政黨對民眾所需要解決的問題及待解決策略都沒有完整的說明與陳述。這是很危險的，因為這很容易讓民眾僅在選舉期間以政黨的激情、個人喜好、政黨的謾罵及受到政黨情緒影響，因而支持某政黨或選出某一政黨候選人，但並不了解該政黨的牛肉在哪裡。這種情形因不了解各政黨屬性及政黨主張卻能選出該政黨或該黨人士來執政，這會讓政黨政治無法永續發展。易言之，如讓國內政黨政治更為完善，各政黨在承平時期就應將民眾、社會、國家發展可能遭遇的面向及問題很明確指出，讓人民在多元社會中對不同政黨有所了解、掌握、接納與評比，否則很容易造成對政黨不解、誤解，因而選出不當的候選人及不好的政黨。

其實，政黨主張可從民意代表在國會中質詢執政黨的官員略知一二，或從國會中各黨團辦公室及民意代表的言論中研判，但這方式讓民眾對政黨主張的了解僅是片面、零碎、以偏概全、以管窺天，因為民意代表言論往往過於主觀、偏見或具有意識形態、本位主義，所以要讓更廣大的國民可接受某一政黨，並成為來日的執政黨，在野黨平時就應提出各方面的政黨主張，讓民眾從中了解政黨走向，如此可貼近民意、獲得民意及吸收民意，且讓民眾知道和接受。

總之，多元化的社會是意見開放、政策開放、觀念開放、政黨政治角力更為明顯。為了讓政黨政治更成熟、政黨更貼近民意及讓民眾樂於接受在朝或在野的理念，政黨應提供政黨在不同公共政策或領域的主張、宣示及特性，讓民眾在支持及選擇上有所憑藉。

捌、教育政策民調的迷思

隨著社會開放,執政黨為了解國民對教育政策的支持反對程度,通常會使用民調來掌握民意。但民調究竟可信度多少?其背後意義為何?是否每次民意調查都可信呢?如果沒有嚴謹進行,政策的民意調查將會有很多迷思。

首先,民意調查並未運用正確抽樣方法。民調意義之可貴,在了解民意向背。也就是會因樣本選取方法不同而有不同政策支持程度。通常進行民意調查時應先做樣本取樣,而樣本取樣中的隨機取樣包含簡單隨機取樣、分層取樣、叢集取樣及系統取樣。四種取樣方式都是以隨機方式進行,所謂隨機是指每一樣本被抽到的機率一樣。如以總統大選而言,全國所有合格的投票樣本都應有被抽中的可能。另外,抽樣也有非隨機取樣,所謂非隨機是指樣本選取並非每個樣本都有抽到的可能,取樣方式是有一定目的、由特定的團體中取出的樣本,所施測的結果。觀之國內每次的民意調查都沒有說明樣本的抽樣方式,常以「隨便取樣」方式來代替「隨機取樣」,所得到的結果有待商榷。

其次,抽取的樣本並不足夠,以及在母群體中並不具有代表性。民意調查要能有預測準確度必須要有足夠大的樣本(受訪者),才可依所得到的結果推論母體的特性。以統計大數法則言,若要讓預測準確度提高,每次樣本應有足夠量,才可代表整體樣本特性。換言之,如果樣本數過小,樣本分配不均勻,並無法反映母群體特性,所得到的結果只是一片面推論而已。依統計法則言,樣本抽樣應要有十分之一樣本數或更多,以及所抽出的樣本應代表母群體,

否則所得到的民意調查會造成很多謬誤。筆者看到國內多次民調，所抽取樣本僅有一千多名受訪者，有的更只有幾百名樣本就進行推論，這是不對的。如以台北市長選舉為例，台北市有一百五十萬名合格選民，若要進行民調應抽一萬多名樣本，才具有代表性。國內民調中樣本數不足，就對民調結果進行推論，實誤導社會大眾。

　　第三，民意調查應對樣本屬性有特別說明（如樣本年齡、性別、政黨或宗教等），同時也應讓民眾了解所設計的問題，否則民調只是一個黑箱，並無實質意義。就前者言，如果無法將樣本屬性加以描述，所得到的結果不僅無法說服群眾，反倒是會讓民眾引起錯誤判斷。就如某次民調是問：您是否支持民進黨候選人，其結果是民進黨民意支持度最高；但在該次抽樣樣本背後卻都是以民進黨員為樣本，也就是以民進黨員意見為意見，其結果就可能失去公允性，其他黨派亦同。以後者言，很多民調本身問卷都有社會期許、不當隱含意義或不當暗示，這都會造成問卷受訪者填答時的困惑，而有不正確的民調結果。就如有題目問：國民黨是百年老店，你支持國民黨繼續執政嗎？這問題在設計上已題意不清，對填答者將會有不知如何填答的反應。

　　第四，民意調查有很多謬誤，值得大眾省思，就如所抽樣樣本填答者過低；有很多受訪者觀望不答，或不願表達真實意思，同時有很多受訪者在心境不佳下接受訪問，如此訪問誤差，在公布結果時應說明。就如每次民調，有些調查團體強調所得結果是在一個百分比誤差之內，可是它並沒有說明一個百分比誤差，在此次調查的意義，如此民調也不值得採信。

　　最後，基於倫理考量及對輿論重視，民調宜慎重進行，不可隨意誤導社會大眾。民間團體或媒體進行民調是司空見慣，但過於氾濫將造成社會困擾，誤導視聽。一者它並無完整依據母群體的特性

及母群大小取樣，同時也沒有隨機取樣，再者抽取樣本不足以代表母群特性。當然，很多民調未能掌握樣本填答心境，一味以民調讓民眾接受某候選人的印象，這對社會、政黨及候選人會有不當推論，其影響非同小可。換言之，如果民意調查設計不適當可能影響社會，對公共政策及某一次選舉的某位候選人支持態度，進而影響整體選舉，所以民調團體豈可不慎重乎。

各專業團體以民調對教育政策評估，除了要著墨民調方法，讓民調更為客觀及正確之外，更期待民調團體能多著重於政黨政策及對民眾關懷，否則民調就失去了意義。

玖、生育率下降衍生的問題

2005 年 3 月政府說要提高婦女生育率，因而擬以不同的社會協助方式提高生育率，例如運用租稅減免、給與育嬰假、給與生育補助等。事實上，這些都不是平衡生育率問題，也非解決重要策略。因為生育之後，仍有教與養問題，面對目前環境是無法提高生育率，但我們應關心生育率下降將帶給教育體制多少影響。

2005 年 1 月教育部指出未來七年內，台灣將減少九千九百六十五個班級數，這對師資培育制度、新聘教師機制、學校經營造成嚴重衝擊。以目前國小每個班級編制 1.5 位老師來說，如果減少九千九百六十五個班級，將減少近一萬五千名老師。未來台灣人口因為生育率下降，少子化為必然現象，接著就是人口老化問題，當局應提出政策解決。

學齡人口減少，首先造成各級學校被迫大量減班，不僅校舍閒置、教育資源浪費、教師超額問題也將惡化，甚至學校倒閉。因為

目前台灣地區總生育率下降至 1.24 人，平均一位婦女只生 1.24 個小孩，少子化是台灣未來的趨勢，尤其每年減少兩萬多名孩童，學校招不到學生的情形，將產生骨牌效應。也就是如國民小學招不到學生，國中與高中職必然接踵而來，接著就是技術學院、科大與大學。高等教育方面，由於學生來源減少，大學將面臨更大的競爭壓力。看到政府於各縣市改制專科學校、增設大學，這都是浪費國家教育資源。

　　1998 年起教育部花費數百億元執行「降低國民中小學班級學生人數計畫」成效不彰。目前是否可能因為生育率下降，而有達到減班或減少班級規模？這或可減少政府在教育資源上不必要的浪費。

　　其實，生育率下降問題在於國民養兒成本過高、對教育政策多元化不具信心，無形之中讓國人的生育率下降。這問題不在於政府是否給與家計單位更多生育補貼或更多育嬰假就足夠。因為養育過程除了嬰兒時期的教養成本，更重要的是對未來學童就學升學壓力、教育投資壓力、學習壓力，尤其每年的大學學費不減反增、教育政策朝令夕改、學生學習內容紛雜及對整體教育環境沒有信心。因而多數家長不願意生育，也就是說，這現象如僅給與短期間的生育補貼或休假，都無法彌補學童在未來社會生活及教育上的適應。

　　如果將各國生育率與初等教育在學率運用散布圖及進行迴歸分析，結果如圖 1-1，說明如下：

　　1. $y = -.566*(x)$，$R^2 = .315$，$F(1, 125) = 58.8**$。式中 y 代表 1996 年各國生育率；x 代表 1996 年各國初等教育在學率。

　　2. 此圖中的各點代表一個國家，而直線代表迴歸最適線，即各國平均發展值。此圖共有一百二十七個國家所形成。

　　此外，當生育率減少之後，未來是否因人口減少，對教育品質有所提升，也就是人口持續減少，對學校生師比率是否降低、師生

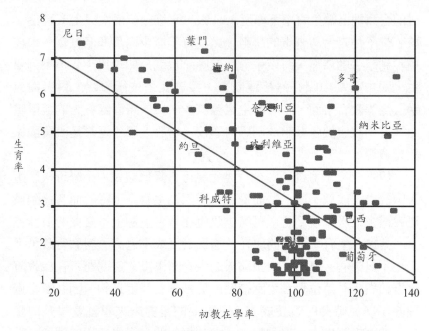

圖 1-1　1996 年各國初等教育在學率與生育率散布圖

註：各國數據資料取自 World Bank (1997). *World Development Report*. New York: World Bank。此圖為作者自行繪製。

互動是否增加、學校教育是否更為精緻化？每位學生的單位成本是否增加？教師的教學熱誠是否提高、教育行政人員是否更有效率？也就是說，未來的學校經營當局應在教育量擴充之後，提高學校教育品質，否則未來的教育品質可能會令人擔憂。

　　相對於生育率減少，學校將招不到學生，學校及教育當局應對於學校經營採取另類方式。也就是說，以國家的總人口數不變的前提下，年齡層低的人口數減少，但相對於年齡層高的人口會更多，也就是老化人口問題將會更嚴重。老年依賴人口增加，此時教育體

制應有彈性變化，即應提供適度學習環境給與老年人口。這一方面對學校經營有更多學生來源，讓學校在有經費前提下充分營運。另一方面是因配合終身學習理念，個人在學校畢業之後，有更多學習進修機會，這對個人學習及知識成長，乃至社會進步都有貢獻。易言之，生育率雖然下降，但老年人口增加，學校經營可轉換另類思考，即提供老年人口的教育給與這族群的學習者。但其前提應在課程、師資、教學方式、學習方式及學校經營方式有所改變，否則僅有進修機會，卻無法提供進修課程實質內涵，亦無法讓老年人口有更多學習或樂意學習。

總之，台灣將面臨人口結構重要轉變。最先衝擊的是教育體制。而此衝擊不僅影響國民教育與中等教育，更影響高等教育及社會教育。教育部在面臨這一波人口轉變時，更應提供學校經營示範，讓學校經營更有彈性，如此或可讓師資運用更為彈性、流浪教師減少、招生不足問題或可減少、教師過剩問題可以緩和，校舍也可充分運用，乃至經費分配有更好的解決方式。否則人口問題環環相扣，將影響學校教育，也浪費教育資源。

拾、大陸學歷採認問題

大陸學歷採認一直受爭議，但執政當局都未提出解決方式。學歷採認自1997年政府公布「大陸地區學歷檢覈及採認辦法」之後，就積極進行，但後來教育部急踩煞車，不採認大陸學歷，至 2001 年三通之後又有修正。教育部對此採鴕鳥心態，將面臨幾項問題。

首先，對大陸學歷應如何採認？有哪些學校可接受其學位？有哪些學校無法取得認證？二者標準何在？過去認為只要是大陸師範

體制學校取得學歷，不可在國內擔任教職及公務人員。不過，教育部卻指出對這類學位認證並無不妥，教育部前後標準不一，顯示如何認證是值得思考的問題。也就是，教育部應先釐清應否採認。如果採認標準無法訂出，如何認證大陸學歷？這會讓採認困難重重。

其次，大多數人在大陸取得學位後，最關心的是可否依大陸學歷繼續在台灣升學、就業、謀職，如擔任公務人員？或繼續接受教育？如果他們合於國家考試資格，是否可參與台灣的國家考試？如果考試登科，是否可在公務體系擔任要員？同時取得大陸學歷之後，如果沒有獲得政府認可，是否也無法繼續升學？也就是說，當局並未提出完整配套方案，所以採行後會有問題。這是採認學歷後的重點，而不是一味採認就可以。

過去幾年的三通，台灣與大陸文教交流已不可免，可是交流之後，文化、政治及社會衝擊已愈來愈大。這幾種問題中，第一項問題是我國學生到大陸學習，是否大陸學生也可來台接受各級教育？如果大陸人士來台，是否可在台灣受教育，即從國民小學、國中、高中職、大學，甚至研究所學習進修呢？如果可以，這對台灣的教育、社會、經濟、文化的利弊互見。一者，台灣可用優勢的教育制度，例如大學相關科系——醫學、電機、電子等，作為吸收大陸大學生的來源，因而增加台灣在教育改變的希望。再者，它讓兩岸教育及學術充分交流，有助於台灣的學生開闊學習視野。當然，大陸學生來台消費也有助於我國經濟及教育發展。不過，也可能產生衝擊，如對於未來政治偵防、社會問題（如文化水平不一，產生文化衝擊）、校園安全等。

開放兩岸的教育市場之後，對台灣的第二項衝擊在於台灣學生可能紛紛到大陸接受教育（主因在升學壓力、成本及文化因素），因而讓台灣的高等教育雪上加霜，也就是台灣的學生人數已經減少

很多，未來如果被吸收，台灣的學校將岌岌可危。而大陸學生雖可來台接受教育（主因是政治、好奇、吸收新知或其他用意），但對台灣公私立學校將是考驗。一者，台灣的學生人數前往大陸者將高於大陸來台者。屆時我國公私立學校將有招不到學生的疑慮。再者，教育部一再表示我國大學應朝向國際化、自由化、開放化、民主化發展，加入世界貿易組織，各國對台招生已是不爭的事實，如何留住台灣學生是應省思的問題。直言之，當局並沒有對此提出對策，可能無法因應未來的問題，這將讓台灣的教育更面臨一項考驗。

開放大陸教育市場後，第三項衝擊在於國人前往大陸興學問題。目前我國中小企業前進大陸投資比率逐年增加。教育是一項產業，如果國人前往大陸興學（其實國內已有多家私立學校在大陸設校，且有一定規模），此方面目前教育部仍無法可管，也未提出應有規範。如果私人興學於大陸，是否應鼓勵或應禁止？目前沒有定論。但可預知國人在大陸興學，如以大陸設分校、分部為名義，而在台有學校，因而將在台的學校資金挪用、移用、轉用及不當使用，將對台灣學生沒有保障。假若私人未在台設校，而在大陸興學是其旨意，此種現象更應思考其至大陸興學的原因。

總之，從學歷採認、私人興學於大陸之外，更為人關心的是兩岸學術交流未來會有何種發展？採認大陸學歷與前進大陸學習學術經驗，固然有時代及社會環境需求，同時大陸高等教育學府有很多科系值得學習；面對大陸在國際、外交、政治及文化上對台打壓，如何在教育發展與政治敵對取得平衡？此為問題背後更應思考的重點。

拾壹、這是我們的私立學校嗎？

有幾則有關私立教育與學校問題值得關心。一是 2005 年 4 月媒體指出，私立學校將採取學費自由化，提高學生的學費；二是教育部 2005 年 3 月發布新聞指出，近年私立大學校院有九大缺失，這些缺失被點名的有十六所學校。三是台北市社會局針對全市二百零九所托兒所進行評鑑，結果被評鑑為丙、丁等托兒所有九十一所，占全部的四成三，其主因多為教保理念和衛生保健缺失。試問，這是我們的私立學校嗎？從幼兒園到私立大學的問題多，學校又要漲學費，學生又享受不到應有的教育品質，這合理嗎？

這三項問題值得省思。一是在啟蒙教育的私立教育機構竟然不合格率如此高，近二所就有一所不合格，尤其在北市資源較豐厚且家長又重視孩童教育，有這樣的幼兒教育機構，教育品質能不令人擔憂嗎？這叫人如何相信學前教育品質會提高？幼教與孩童會有希望？學前教育機構問題除學校行政管理、教保理念不佳、衛生保健未獲重視及安全問題令人憂心，這些托兒所豈是孩童及家長可接受？令人不解的是，托兒所問題多之外，教育部管轄私立學校問題也不少，前述所列私校問題，真讓人擔心──難道這就是我們的私立學校嗎？如果是，教育部每年對學校進行評鑑，其功能又何在？握有教育主導權卻沒有解決教育問題，這更讓人無法接受我們怎會有這樣的教育行政機關？

台灣的教育是「利富不利貧」，尤其就讀大專校院以上的私立學校都是社會階層較低者，而就讀公立學校學生是社會階層較高者，但讀私校者付出比公立學校更高的學費，同時也在前述這般的

私立學校「體質」與環境下學習，可以想像所獲得的教育品質可能會較低，試想這樣的教育機會豈公平？這又如何讓這些私立學校畢業學生，往後在社會上有更好的社會階層流動來翻身呢？而今私校一再的漲學費，對中低階層的子弟情何以堪？

鼓勵私人興學固然是好事，但教育主管機關沒有嚴格監督學校運作、沒有依據時代需求修改私立學校法、沒有真正的落實學校校務評鑑、沒有嚴格對私校財務監督與經費審查，同時可能更沒有對私立學校經費補助進行合理分配，才會造成私立學校問題層出不窮。尤其教育部自行公布私立學校九大弊端，包括買賣董事會席次、董事會干預校務、董事不當支薪、土地購置、營繕工程及未把學生所徵收學雜費收入存入學校帳戶、設備採購集中特定廠商，並沒有合理處置、造價偏高圖利特定關係人、有些學校是負債過高無法支付教師薪資等，從這些問題來看，在這些學校就學的學生豈不是被宰割的羊，他們的學習權利究竟何在？

就如過去某技術學院弊案導致多名教育部人員遭到起訴，此現象並沒有讓學校有減班招生，而且它還繼續招生。而教育部更列出該校的缺失有違法使用學校基金、會計制度並沒有依據法規進行而違法、採購工程弊案、由非董事也非學校人員保管學校重要印鑑與支票等，看來此校已有這麼多問題，教育部為何不積極處理，還任其對外招生？這豈不代表教育部對私立學校監督是「說一套，做一套」嗎？

其實，國內私立學校在國民教育階段非常少，大多數私立學校在高中職及大學專科以上。但「私立的國民教育」並不代表就沒有問題，因為它們在「小本經營」下，私立中小學經常鑽教育法規漏洞，學生與家長忍痛受宰，不敢張揚。例如有許多的私立中小學將正規學費，即教育當局規定徵收金額，外加「額外收入」，這些項

目例如對學生收取課外活動指導費、電腦實習費、水電費、課後輔導費、家長會費、冷氣運用費、模擬考費等等，因為學生及家長認為既已進入私校轉校不易，只好忍痛接受學校「巧立名目收取學生學費」而受宰。這種「私校私宰」問題在過去幾年也發生過。

總之，台灣學齡人口已逐年下降，未來國小一年級新生將逐年減少，可見少子化問題嚴重。另外大陸及外國學校一再對台灣學生招手，反觀國內教育主管機關對教育卻一直擴張，尤其是私立大專校院增班增系所，而沒有一套管制措施。私立學校生存已處在「內憂外患」下，教育主管當局又不積極處理私立學校問題、監督私立學校，未來私立學校「倒校」機會可能多很多。到時，當局又如何對學生及家長交代？

拾貳、教育與知識經濟

近來，知識經濟人人關心。知識經濟實為人力資本的投資，人力資本投資更以教育產業為最大宗。如何讓我國教育所培養的學生，具有實用知識，創造經濟價值？尤其我國的教育如何配合知識經濟發展？當局應深思。

1996 年經濟合作暨發展組織（the Organisation for Economic Co-operation and Development, OECD）對知識經濟的界定強調，應建立在知識與資訊生產、分配和使用上的經濟，申言之，知識經濟建立在一切的教育發展基礎上。1999 年世界銀行的報告指出，知識經濟應有三種層面區分，一是獲得知識，即如何從生活中及學校教育中取得知識；二是吸收知識，吸收知識的方式可經由正規教育及非正規教育；三是知識溝通及傳達，將知識傳達給需要該份知識的社會

大眾。知識經濟主要就在期望擁有知識者將其知識傳達或運用過程中，創造效用及價值。進一步的說，如何讓知識產業化，即研發知識、創造更具高附加價值及創意的知識，學校教育具有重要角色。

在高知識的國家，該國國民所得愈高，國民生活水準也愈高。如 1999 年美國、日本、台灣分別位居世界資訊產業中的第一、二及三名，同樣的其國民所得的高低，也正有如前所述的等級。國內的資策會更指出，國家電腦網路普及率與電腦的使用人數多寡，是影響知識產業與電腦產業發展的重要因素。顯見，知識高低與國民的生活水準有密切的關聯。

在知識經濟的時代，如何讓教育培養出更多具知識的人力，讓國民可以創造知識、傳播知識、蓄積知識、加值知識及創造知識，是教育當局所應關心的問題。以下觀念提供參考。

首先，建立一個網路學習的教育體系。最為迫切的是各級各類學校的教學應電腦化，同時從初級學校起，學生應教導運用網路的能力，經由電腦網路的教育，讓學生建置虛擬圖書館，加強遠距離教學，鼓勵學生創造網頁、建立軟體管理及運用各類電腦，以增加學生學習的機會。目前國內初級教育的電腦教育與先進國家上網的比率相較低很多，如北歐、先進國家，每千人的電腦擁有率已達七、八百人，國內的普及率僅三、四百人，如果無法擁有電腦，且學校教育缺乏，將無法建立學校成為網路型學校，也無法讓學生透過網路，取得訊息，創造知識。

其次，成人教育應強化成人或文盲學習電腦的機會。目前在國內的鄉下地區，不懂電腦的成人仍為多數，不能接受電腦的原因有很多，如態度消極、經濟上限制及時間的限制，更重要的是，在鄉間電腦網路學習空間及機會不足，無法讓社會大眾就近學習上網。可行的方式是應在各鄉鎮村里，普及化的建立寬頻網路與加強資訊

教育，讓村里都有網路學習中心。政府可運用免費或低廉的成本誘因，提供給成人接觸網路及電腦的機會，經由成人再學習機會，了解電腦語言、運用電腦能力，以培養成人對電腦學習的興趣，是未來發展的方向。

第三，國際化的網路學習及交流應建立。知識經濟主要經過知識的傳達，達到經濟效用及價值（如出版書刊、創造有價值的軟體及高度精密的電腦設備）。為了創造這些知識，透過國際化的方式，了解先進國家的電腦教育、網路教育、遠距離教學等吸取新知，將是最好的途徑。尤其目前經濟發展強調全球運籌，當局如果能前瞻未來世界變化，就應對目前教育制度朝國際化發展。這方面努力應從各級學校英語教學及學生英語學習著手。過去新加坡、馬來西亞及香港，在教育發展上就是以國際化方式進行，值得我們學習。

甚者，為了讓大學所研究的知識具高度的經濟價值，同時吸收先進國家的科技及專業人才，當局更應讓國外人士來台設立大學或分校，如此可讓我國高等教育朝向國際化的腳步更為迅速，經由國際知名大學融合及學習，可以讓大學生產生知識、創造知識，刻不容緩。

如果將各國 2001 年國民所得與每千人網路擁有數運用散布圖及進行迴歸分析，結果如圖 1-2，說明如下：

1. $y = .868*(x)$，$R^2 = .752$，$F(1, 175) = 534**$。y 代表 2001 年各國每千人網路擁有數；x 代表 2001 年各國國民所得。

2.此圖中的各點代表一個國家，而直線代表迴歸最適線，即各國平均發展值。此圖共有一百七十七個國家所形成。

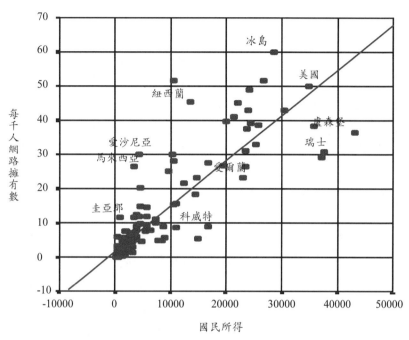

圖 1-2　2001 年各國國民所得與每千人網路擁有數散布圖

註：各國數據資料取自 World Bank (2002). *World Development Report*. New York: World
　　Bank。此圖為作者自行繪製。

拾參、高中職招生缺額隱憂

　　2004 年的基北高中職聯招雖然錄取率已達 85%，僅有七千多人
落榜，但仍有三萬一千個名額無法招齊，空缺的比率高達 66%。這
些落榜生就讀這些無法招齊的學校機會實微乎其微。北市與基隆高
中職無法招滿學生，是一大隱憂，值得教育當局提出因應，否則此

問題將會更嚴重。何故呢？

首先，高中職招不到學生就學，勢必讓學校倒店，尤其2004年無法招齊的學校又多是私立高職，日後私立高職將會嚴重的惡性競爭。易言之，有三萬一千名無法招齊，主要原因是出生人口數下降，加上近年廣設高中大學的政策因素，導致有很多公私立高中職在前幾年就已轉型為普通高中，作為學生升大學準備。但因為學齡人口數的下降，未來無法招齊的學校將更多，因此，教育當局應妥善制定學校倒店或淘汰的機制，否則日後學校在學期中突然倒店，將影響學生學習權益。

其次，高中職招不到學生，間接將影響到大學、科技大學或技術學院無法招到學生的困境，也就是說將會形成一種骨牌效應。就如今年無法招到學生的學校都是私立高職，可預見的是，這些學校日後沒有畢業生，因此就無法繼續進入科技大學或技術學院就讀。所以科技大學勢必在近幾年就將面臨無法招到學生或「足額招生」問題，這將對技職教育品質造成嚴重傷害。因為學齡人口無法提供充足的學生來源，私立高職招不到學生，接著將是公立高職，再接著是私立高中與公立高中，所衍生而來的是技術大學或學院將無法招到學生，最後普通大學也勢必面臨無法招足學生的困境。這種骨牌效應正需要主管教育當局提出因應，否則台灣日後的高中職，乃至於技術大學或普通大學倒店的問題將更為嚴重，且措手不及。

第三，高中職招生不足，非僅學校倒店問題，所衍生出的是學校教師可能變成流浪教師，校地、校舍等設備將閒置浪費所造成的問題。尤其日前的十萬名流浪教師走天涯，無法找到適合的任教學校，而今可能有更多已取得合格教師資格且任教多年具經驗的教師，面臨失業、轉業困難，讓已在社會的流浪教師，面對這些老師將相互競爭，使爭取教職更雪上加霜。另外，主管教育機關亦未提

出一套在學校無法招到學生之後，校地與設備如何運用的辦法？

　　前述問題都在近年浮現，因此主管教育機關應有以下作為：

　　第一，針對招不到學校的私立高中職應鼓勵他們整併。就如招不到學生的高職類科應整併至其他類科。如果學校各科都招不到學生，則與其他學校整併。一方面讓高職課程可以重新洗牌，另一方面可減少學校在教師及設備營運成本的浪費。如果二校整併亦可以增加學生的學習空間與人力調配。

　　第二，建議招不到學生的學校，或將無法生存的學校轉型。鼓勵這些學校轉型為地方的社區學院、成人進修的教育機構，或轉型為民眾休閒中心（如運動場開放給民間使用、學校教室供民眾開會集會使用）。它可以讓這些學校的資源充分運用，減少流浪教師問題，但其基本前提是主管教育機關應提出配套措施。

　　第三，合理的建立高中職學校的淘汰機制。目前國內各級學校都未建立學校如果無法招到學生，因而倒店的淘汰機制。這是一件危險的事。因為台灣的學齡人口逐年減少，任一層級的教育都將面臨招生不足的問題。這問題將衍生出各級學校招生的惡性競爭、倒店、校地浪費、流浪教師與設備閒置等。如果政府未能提出一套辦法，將來這些問題將更為嚴重。

　　最後，既然私立高職已有多所學校招不到學生，公立高職勢必面臨相同問題，但看到政府對績優專科學校改制的政策，從 1994 年的七十七所，至今已不到十所專科學校，紛紛改制技術學院或科技大學。當學生來源已無法充足供應就讀名額，是否當局也應檢討績優專科學校改制的政策問題，否則科技大學與技術學院的倒店，也是指日可待。

　　總之，基北的高中職很多學校無法招足學生，有三萬一千名無法招足，它除了顯示教育政策問題之外，未來可能成為更多問題的

導火線，當局應深思。

拾肆、高中職社區化效益何在？

　　國中基本學測公平與否以及是否會造成雙峰問題，在過去已討論很多。但很多人忽視了一個與學測息息相關的教育政策問題，那就是學測之後，學生選填志願是否會以社區高中為職志。也就是說，過去幾年教育部實施高中職社區化政策，其效益達成了嗎？

　　幾年前教育部提出十二年國教，更提出高中職社區化教育政策，作為十二年國教配套方式。據教育部表示，高中職社區化是提供獎助學金、提供對私立學校補助，以教育券方式，配合將全國劃分為八十九個生活圈，以執行此項政策。教育部更表示，高中職社區化政策希望淡化明星高中。

　　為落實高中社區化的教育政策，教育部更提出，參與高中職社區化學校應有60%的就學機會，提供給當地社區民眾學生就學。它以自願非強迫方式讓高中職可以自由試辦，更是教育部尊重學校自主的表現。但這樣的成效是否真的能在學測之後，學生真的去就讀社區高中職呢？這是我們的質疑。

　　當然，高中職社區化的教育政策也有優點，例如它讓公私立高中職在教育資源取得平衡。其次，它讓在地學生直接就讀當地學校，不僅減少學生通車成本及時間，也可讓學生對當地認同。當然高中職社區化也減少學生升學壓力，當地學生自主選讀當地高中職，必能減少學生考試壓力。此舉更能避免學生越區就讀的成本及精神壓力。最後，高中職社區化的教育政策帶動政府延長國民教育十二年年限的主張，讓學生在社區與生活圈就學，是因應十二年國

民教育的好方式。

　　教育部此項政策仍應考量以下問題，如此政策才能順利執行：

　　首先，教育部所提八十九個生活圈劃分高中職學區重要依據。對生活圈劃分應考量平衡城鄉間的教育資源差異問題，也就是說，如果生活圈劃分無法達到教育資源整合，例如生活圈之間的學校差異、學校所擁有的教育資源及學校品質與學校的類型等，將會讓此項教育政策有不良影響。就如本方案以自願方式讓學校參與，如果該生活圈參與的學校都是高職，或都是高中，而學生所要學習的是綜合高中，究竟學測後的學生應往哪種學校就學就形成問題。這也就是社區中的高中職類型不一，無法提供學生選擇志願的參考，這是很嚴重的問題。

　　其次，對生活圈劃分應能夠包含不同條件的學校狀況，例如學校位置、學校類型、學校容量、學校特色，以及偏遠地區學校如何與其生活圈結合的問題也不可忽視。也就是說，如果生活圈的學校太過偏遠，以及學校容量不大，對學生就學也會有影響。當然，高中職社區化政策，如果當地社區的學生並無法達到所提供的80%就學量（即當地學生不多），此時對生活圈及學區劃分就更應謹慎及保守，或者應調整給當地社區民眾學生就學比例，如此才能讓學生在選填學校時有更好的依據。

　　令我們關心的是明星高中職參與問題。本方案是以自主、自願方式參加，對明星學校是否願意加入有待評估。一者因明星學校有其優良傳統校風，學校如果開放給社區的學生就學，保守者可能會認為有損該校教學風氣，也就是說，有很多家長對素質不高的學生卻能進入明星高中有更多質疑。就以台北市為例，建中、北一女的學校能夠改成此種的招生方式嗎？這要讓學生跳開明星學校選填社區高中職，恐待進一步研議。因為選擇好學校就讀是個人及家長的

願望，並不是強力的介入政策就可完成。簡言之，教育部如果要推動此政策，實應有部分獎勵措施及提供相對誘因，如給與獎金及其他建設補助，否則明星學校也只能以過去方式進行招生，參與此項政策可能只有偏遠地區、或職業學校、或只有部分高職學校想轉型的會參與，其他的學校則會視而不見，因而減少高中職社區化政策的落實能力。

最後，當局應對於這幾年來在高中職社區化政策的成效提供政策評估，如果沒有明確的證據支持學測後的學生就讀社區高中職，或是讓學生有更好的選擇，這樣投入大量的教育經費，是無法讓學生及家長接受的。

總之，高中職社區化教育政策如結合社區及讓各高中職都能夠主動參與，相信應能去除高中職的明星學校，學生就學機會增加，學生就學成本必能減少。但是如果沒有評估好這幾年的執行狀況，及掌握學生的自由選擇學校意志，則對此政策的執行力也會大打折扣。

拾伍、學費自由化問題

每年都有反高學費問題。我國大學學費究竟比先進國家高或低，以及衍生家庭是否負擔得起學雜費，是每年 7 月都上演的老問題。

我國公私立大學學費差距約在 1 比 2.25 之間。各國大學情形不一，所以徵收標準就不一。許多先進國家對本國籍與非本國籍學生徵收學費標準不同。主要國家大學學費如下：日本公立大學一學年收取學生金額為二十萬元，私立大學則是五十四萬元。學雜費占平

均國民所得各為 17.7%及 48.19%。比利時公私立大學一學年學費金額為 14,000 元。學雜費占平均國民所得為 1.84%。美國大學因為各州規定不一，各大學校院所徵收就不一。以公立柏克萊大學一學年金額為 136,480 元，私立史丹佛大學則是 681,600 元。學雜費占平均國民所得各為 15.58%及 77.82%，德國則不收學雜費，法國及英國公立學校只收取約五至六萬元。以上可看出，法、德福利型國家只收取象徵性學費；美國大學講究市場競爭自由法則，公私立學雜費對學生負擔較高，尤其私立大學更是如此（如表 1-1）。但外國私立大學品質往往較公立大學高，我國狀況則相反，值得省思。

　　我國公私立大學每生經常費分擔，75 學年度公私立大學校院平均每生分攤經常支出各為 104,045 元及 29,699 元，公私立比為 1 比 0.29。至 85 學年度公私立大學平均每生經常支出為 181,378 元及 99,993 元，公私立差距為 1 比 0.55。若以每戶國民所得高低支付私立高等教育學雜費，每百元支出於醫學系、工學系及文法學院者各為 11.8 及 7 元。如此對家計所得是高或低，在貧富差距大的台灣，正是應了解的政策問題。

　　其實，我國高等教育雜費較法國及德國等福利型國家為高。但與美國公私立高等教育學雜費相比則過低，與亞洲國家，如日、韓及新加坡相比則相當。

　　1998 年 8 月教育部宣示讓大學學雜費自由化。但自由化之後，卻沒有嚴謹配套，因而吃虧的是學生及家長。87 年度公立大學調 11%，私立調 5.5%，後來年度各校又有不同調幅。所以，學費自由化，學生無法負擔是事實。再與先進國家相比，1992 年國民所得負擔教育經費及每生教育經費支出情形：我國大學每生所負擔雖有 7,582 美元，較英、加、日及美的 8,720、12,350、11,850、11,880 美元為低。若以國民之每美元國民所得對大學教育負擔比，我國為

表1-1　各國大學學雜費狀況

國家	學校	類型		學費（台幣：萬元）	國民所得（台幣：萬元）	占國民所得比率
中華民國		公	立	5.7	39.3	14.15
		私	立	10.4	39.3	26.42
中國大陸	一般高校	公	立	1.6	3.1	53.24
	重點高校	公	立	2	3.1	64.93
香港	香港中文大學	公	立	18.3	81.9	22.29
新加坡	新加坡大學	國	立	37.2	69.5	53.49
美國	密西根大學	公	立	58.6	118.6	49.43
	維吉尼亞大學	公	立	14.7	118.6	12.35
	洛杉磯加大	公	立	14.3	118.6	12.07
	柏克萊加大	公	立	13.9	118.6	11.74
	西北大學	私	立	98.4	118.6	82.97
	約翰霍普金斯大學	私	立	90.3	118.6	76.13
	哈佛大學	私	立	88.7	118.6	74.76
	史丹福大學	私	立	87.6	118.6	73.87
加拿大	卑詩大學	公	立	6.1	74.4	8.15
	維多利亞大學	公	立	5.3	74.4	7.1
日本	東京大學	國	立	20.1	113.7	17.7
	福岡大學	私	立	112.2	113.7	98.74
	慶應義塾大學	私	立	54.8	113.7	48.19
韓國	漢城大學	國	立	5.2	32.6	15.85
	成均館大學	私	立	8.8	32.6	27.08
澳洲		公	立	7.4	69.4	10.69
		私	立	120	69.4	172.93
德國		公	立	不收費	84.2	0
		私	立	44.6	84.2	53.01
英國		公	立	5.2	80.5	6.48
		私	立	52.5	80.5	65.14
法國		公	立	0.4~1.9	78.4	0.5~23.94
		私	立	7.9~18.8	78.4	10.07~23.94
比利時		公私立		1.4	76.1	1.84
俄羅斯		國	立	15.2	7.3	209.39

資料來源：2005 年 7 月 28 日檢索於 http://www.edu.tw/EDU_WEB/EDU_MGT/STAT-ISTICS/EDU7220001/indicator/index.htm

0.724 美元，較先前所指國家之 0.426、0.554、0.420、0.511 美元為高。顯示我國家庭對大學學費負擔比先進國家為重，尤其中低所得家庭最明顯。學費自由化後，低所得家庭如何付得起私立學校學費，以及持續要漲價的公立大學，值得擔憂。何況低收入家庭如要提供兩位子女就讀大學，無法負擔將是事實。

官方說台幣貶值，在此如以消費者物價指數或公務人員調薪幅度作為調整依據，是不合理的。因消費者物價指數會受到短期的物價波動影響，無法反映學費穩定性，而以公務人員調薪作為調整比例，無法反映多數民眾經濟負擔，更無法反映出學費公平性。可見，學費自由化應採何種標準調漲，更讓學生及家長捉摸不定。

學費自由化之後，對學生補貼管道在哪裡？難怪學生覺得無法負擔。雖教育部表示學費自由化，將以學費的3%至5%獎助學生，但這些補貼仍不足，應有更多管道直接補助學生，例如教育代金、大學提供更多獎學金、提供工讀機會、就學貸款放寬，或者學習先進國家面臨高學費來臨，延後學生付款或低利貸款等配套，都是很好的方式。

其實，教育部宜對大學進行學生單位成本分析、配合單位預算依照學生多寡、學校規模、學校營運等選擇性補助，尤其對公私立學校嚴格查帳與評鑑，使學費反映品質。對不同大學校院科系所及不同類型大學，例如空大、科大、理工大、文科大學及推廣教育等，應有不同的收費標準，如此更能讓學雜費反映教育素質。

總之，大學學費自由化，若沒有配套，對中低所得家庭負擔很大，是學費自由化應深思的問題。

■ 本章討論問題

一、您認為一位好的教育部長應該具有哪些特點？

二、您覺得教育政策辯論應辯論哪些內容？

三、「頭痛醫頭，腳痛醫腳」是目前台灣教育政策的現象，您覺得何種教育政策規劃，才易掌握教育政策重點，並讓政策順利執行？

四、教育政策評估應掌握哪些重要面向呢？您知道台灣有哪些教育政策有經過教育政策評估嗎？

五、如果您是教育部長，在立法院被質詢時，您應如何應對？

六、您有參加過政府所舉辦的「公聽會」嗎？可否說說您參加之後的感想，是否有進行教育政策的公聽會，該教育政策較能讓民眾接受嗎？

七、您可以理解國內各政黨的教育政策主張嗎？他們之間有何不同？您比較能接受哪些政黨的政策呢？

八、您相信政府所做的政策支持度的民調嗎？為什麼？

九、台灣的生育率下降，您可否分析或批判，未來台灣人口下降後，台灣的教育何去何從？

十、您認為大陸學歷採認可行嗎？

十一、私立學校與公立學校有哪些差異呢？您可否指出私立學校有哪些問題？

十二、高中職社區化政策，您接受嗎？

十三、每年大學學費都在調漲，您覺得目前這種由教育部管控的調漲方式合理嗎？

第二章

考試升學議題

壹、基本學力測驗問題

　　每年的國中基本學力測驗都如期舉行，但入學問題仍一籮筐，當局應深思。

　　原本學力測驗希望以多次的考試，分散及減少學生升學壓力，讓學生有更多元選擇，不會一試訂終生，但從二次考試以來，非但將學生當白老鼠實驗，第一年基本學力測驗報名費高達五千多元，入學分發程序複雜，僅考選擇題產生記憶、背題、猜題、不重視整體思維分析能力，未考作文的問題，已讓很多人對此考試方式質疑。而考試成績組距是否公布？民間與教育部更是有不同的見解，以及學生第一試考完錄取後，影響到要參加第二次測驗的學生學習情緒，與打亂整體學校運作等，早就預想到問題，卻又讓它發生。

　　更重要的是，學生學習壓力未減反增，同時學生、家長、老師及社會各界，對基本學力測驗入學方式更不知所措，第二試的關說、請託也常發生。學校舉辦第二試人力不足、學校在第二試向學生收取報名費、學校如何處置等問題都一一浮現。

　　其實，考生家長花大筆錢、投入更多心力，但家長仍不知子弟如何申請學校，如果仔細分析，基本學力測驗該不該公布考生成績組距，教育部與台北市政府或部分家長都有意見。因為如果沒有組距，學生升學選擇會陷於模糊之中，因此教育部決策就讓人捉摸不定。例如 2002 年，教育部在第一次基本學力實施之後，無法抵擋民間壓力，先說要公布組距，後來又說不公布，前後的矛盾讓人無法接受。這樣朝令夕改，讓人無法相信教育政策。家長與教師認為考生接到成績單後，如不讓學生了解考試成績相對位置，又如何進

行第二階段學校申請？很多明星學校要求公布成績排名，如此才可讓優秀學生進來申請，不會造成學生選擇學校的猶豫不決。

其實，各縣市如果公布學生成績組距，學生將會有成績比較心態，加以學測總分僅三百分，學生成績差距不大，將會造成「分分計較」，這可能會讓明星學校更無法去除，反而更加深明星學校的勢力存在。如果將學生貼上「明星學校」或「非明星學校」標籤，這種「標籤效應」、「比馬龍效應」（Pygmalion effect），不但無法降低學生升學壓力，反而讓學生人際關係、學習信心、讀書壓力更大，豈是多元入學精神？

基本學力測驗是仿效美國SAT測驗，美國對學生入學測驗，並未公布學生成績組距。1997 年大學聯考不公布各大學入學分數排名，也不公布學生相對位置，其目的也在減少學生排名、造成明星大學問題，就是很好的經驗。又何必要公布基本學力測驗的成績組距？

當然更重要的是，2004 年起將高中、高職、五專的入學方式整合，以合併分發，延後第一次學力測驗時間，並增加英文、國文作文及減少報名費等改革措施，當局這份用心是否僅是一種口號、宣示來安慰考生家長，抑或真要再以下一屆的學生當作白老鼠，以新的作法再實驗一次？還是有心要解決學測問題有待觀察。如果教育政策決策如此多變，讓學生、家長及教師都無法了解其中方式，又如何讓此制度可以順利執行呢？

如果要解決升學壓力，教育當局在基測上不應如此草率。學力測驗若能考量周延再實施，可能就不會造成社會成本、學生壓力與家長無形恐慌。易言之，當局應好好檢討學測問題，以周延、全方位、長時間、顧及學生學習與社會成本來進行決策，以免讓學生變成一批白老鼠。直言之，國人期待基本學力真的可以減輕學生的壓

力，不要再讓學生成為很想揮去又揮不去的考試情結的受害者。

貳、盲人摸象的考試

　　每年學測爭議問題多，這些爭議值得教育部在學測與新課程之間好好檢討。

　　當然，最引人注意的是數學考得過分簡單，而社會科超出課本範圍。數學考得過度簡單實對九年一貫課程做政策性護航與對建構式數學支持。因為它根本無法考出學生實力及作為區辨學生能力測驗，所以學生通過基測之後，進入高中，卻無法做好銜接學習，仍需要更多補救教學，這對學生及高中老師是嚴重考驗。因為高中階段老師須接手學習程度不佳的學生，而學生對高中課程無法順利及延續學習，對師生雙方都是學習與教學的負擔。所以九年一貫課程如何做好銜接國高中課程已是重要問題，而非將國中問題丟給高中，因為學習是一貫、延續與前瞻的。

　　基測的另一項問題是多元入學，反映出多元考試、多元壓力、多元功課、多元版本、多元學生要應付考試方向。說實在，看不出讓學生有多元快樂。這問題在 2002 年教育部舉辦北區多元入學公聽會，會中家長與教師就一再反對並要求立即廢止多元入學，因為多元入學造成：1.多錢入學；2.多次考試，造成多元壓力；3.提高補習歪風，讓補教業者與教科書業者大發利市；4.二階段考試公平受懷疑；5.低社會階層家庭無法獲得社會階層流動。誇張的是，各界不知道多元如何甄選，行政人員不知、教師不知、學生及家長更不知入學方式為何。這種盲人摸象考試，不僅拿學生當白老鼠實驗，更把社會大眾，甚至教育制度當成實驗品及犧牲品。再者，多元入

學須一次共通考，再由各校單招，單招雖依學校需求，但關說、請託、走後門、不公平、不客觀、不合理、百分百推薦、二階段考試對學生壓力未減、未畢業就推薦、二階段念書意願低、多元考試的社會成本、推薦讓私校成為廣告工具、學生入學已成各方角力、利益輸送、不公平競爭亂源等層出不窮。

此外，眾所皆知一綱多本問題。如果依教育部所說只要念一個版本就足夠，為何還要有多個版本？一個統編版不就充足了嗎？一綱多本不僅讓學校老師要統合更多版本納入教材，學生還得到補習班學習更多版本，這對學生學習並未減少。還記得執政教育當局曾在 2001 年說，如果實施九年一貫課程及基本學測，補習業將會蕭條，但看到近年來學測之後，補習班非但沒有減少，反而有增加設立及補習學生人數增加的趨勢。

還記得 2002 年第一次實施學測時，就有民代曾連署要求教育部廢除這項考試，當時的教育部長卻說聯考是大怪獸，多元入學是寵物。其實，多元入學所衍生的學生猜題、補習、死記、死背、多重壓力，讓問題更嚴重，這才是「寵物中的怪獸」。當時的黃榮村部長說：「如果有95%民意反對多元考試，就下台。」但更負責的部長應說：「有95%民意支持多元考試，才不下台」，不是嗎？就因當時錯誤決策造成目前無法收拾的後果，所以教育當局應好好檢討其中弊病，否則未來每年都有學測，問題將依舊。

過去聯考制度被人批評考試領導教學、7 月考試暑熱難熬，答案紙遺失、爭議性題目、槍手問題等，但多元入學考試的學測也有類似槍手、爭議性問題。換句話說，基測並沒有改善聯考問題，反而讓學生壓力增加、公平度降低、補習增加、睡眠減少。反觀聯考制度提供公平機會，讓社會階層流動，卻是多元考試所無。部長應當承認政策錯誤，而不是硬爭面子，以所謂要簡化考試流程來搪

塞，卻犧牲學生及家長。

　　總之，學測配合九年一貫課程一綱多本，讓學生不僅學習壓力有增無減，更重要的是讓學生無法快樂學習、學習更多課程與內容，教育當局應檢討。當局沒檢討，我們可說這是一場盲人摸象的考試，因問題在哪裡，就說哪裡有問題，而沒有真正解決學生問題。那教改有何用？

參、公布成績組距？

　　基本學力測驗該不該公布考生成績組距呢？社會、民間的教改團體、家長、學校教師、教育部各有不同的意見。究竟是否應該公布基本學力測驗的成績組距呢？提供以下意見供參考。

　　基本學力測驗是前所未有，也是國中畢業生升學參考依據。因此學力測驗的成績公布與否，影響到日後進行此項考試的公平性。

　　支持應該公布的家長與教師認為，三十萬名考生接到成績單後，如不讓學生了解考試成績的相對位置，又如何進行第二階段學校申請？如果讓學生可以了解到學生之間的差異，就可以讓低分的同學不必費力氣去申請成績較高的學校（如明星學校），依此進行可以讓學生免去困擾，甚至可以說不會浪費更多的時間及金錢，何樂不為？同時很多明星學校要求公布成績排名，如此才可讓優秀學生進來申請，不會造成學生之間的舉棋不定。再者，如果學生有更多的訊息，不會浪費時間，學生就可以休息或進行下一階段的考試，不是很好嗎？其實，要公布成績組距的心態，似是而非。

　　各縣市如果公布學生成績組距差距，甚至公布全國學生成績組距，學生將會有比較的心態。學生可能一比再比，對於學習效果並

沒有效益；加以基本學力測驗的總分僅三百分，學生成績差距不大，公布後必會造成「分分計較」、為分數而爭分數，非但無法讓學生的升學壓力減少，且明星學校無法去除，反而更加深明星學校的勢力。試想，進行基本學力測驗的主要目的，就在於減除明星學校的問題，如果以成績進行排名，是否又會讓明星學校再次復活，甚者更形嚴重，這難道是基本學力測驗及社會各界所預期。

如果公布學生成績的組距，還有一重要問題是：日後考試都會以此次作法為參考依據。如果公布一次，日後不公布，家長、師生必定會抗議。同時，基本學力測驗一年考二次，第一次考完之後，相信還會再考第二次，因此學生可能會以第一次的成績、第二次成績進行比較。如以個人進步與否做比較還好，如果每一次都相互比較，勢必對學生學習以及考試效用大打折扣，如果人人都以考試成績相比，那麼國中畢業生，或是說國中教育，將會有更多的問題，是可以預見的。

再者，基本學力測驗是學習美國SAT測驗，美國對學生入學測驗，有哪次公布學生成績組距呢？當然，我國大學聯考自 1996 年起，每年的大學入學考試，學生收到成績單後，不公布各大學入學分數排名，也不公布學生相對位置，其主要目的在減少學生排名、造成明星大學、減少學生比較、讓學校更能發揮特色、讓學生有更多選擇，這是不公布學生成績排行及組距的最好經驗。因此，基本學力測驗又何必要公布測驗的成績組距呢？

國人期待看到學生、子弟在某縣市、全國考生成績相對位置的心態，起因於望子成龍、望女成鳳，以及國人一直很想揮去又揮不去的考試成績排行情結所致，如果國人、社會各界、學生、家長不去除排行問題，基本學力測驗與過去聯考又有何不同？如果一味將學生分高分者、低分者，哪些是成績優秀學生，哪些可考上明星學

校,哪些僅可以進入職業班、職業學校,這豈不是對學生學習的打擊,這種打擊對學生是一種貼標籤效果,對學生身心傷害更大,不是嗎?

肆、為何不公布組距?

2004年,教育部與北市教育局對高中職基測是否應公布組距,產生政策立場互批。這種教育政策專業爭議,實隱含中央政府與地方政府在教育權限不分,以及中央對地方政府不尊重專業等問題。

北市教育局認為公布組距讓學生不會有高分落榜,並讓家長與教師在教導學生填選志願時有所依據。因為縱使教育部不公布,坊間補習班也在販售去年組距,一來家長讓補習班大賺一手,實浪費家長血汗錢與時間,二來因為台北市學生升學競爭激烈,有時僅差些微分數,卻因為沒有參照組距,學生因而高分落榜或就讀不到理想學校,是學生家長最大的困擾。這處境讓家長及學生憂心忡忡,其來有自。因為台北市學生基測成績分數差距不大,很容易受學生分數分布及形態,模糊填選志願而落榜,相信這是源於與其他縣市基測成績分布不同所致,也是基北區一再要求公布組距的主因。

但教育部不願公布組距,認為學生高分填選志願落榜是技術問題。黃榮村前部長更指出:「世界各國沒有一個國家用這麼多時間在討論考試問題」。而新任教育部長杜正勝又認為依法行政才是解決問題的方法。但問題在於令人感到不公的考試制度,或未考量教育政策地區差異,又有誰願意討論這個問題?也就是說,基測是否公布應考量縣市的特殊情境、學生人數多寡、考試升學機會、學校競爭、學生選填志願困難情形。何況目前很多縣市高中職錄取率與

報考人數相當，甚至有很多高職未能招生滿額者。因此，如公布組距能讓不具競爭力學校有發展壓力與提出轉型方向會是好事，看來教育部應尊重北市教育局的政策立場。

　　再者，教育部長杜正勝說此事件「應依法行政」，但問題就在於 1999 年教育基本法制定之後，就讓中央與地方教育權限已明確劃分，中央對地方教育政策僅監督，並將教育政策鬆綁地方、讓地方因地制宜制定及執行政策。加上高級中學法也規定，高級中學多元入學是地方教育行政機關權責，辦理情形僅需要將相關措施報部備查，並不需要受到教育部限制。易言之，在教育權限劃分前提下，教育部應尊重地方教育需求、教育專業與地方教育自主性，但教育部非但未如此，反而對北市教育政策掌控，實已超出教育部權限，未能給地方自主，對地方教育發展是一大傷害。

　　如果從現行的政策再想一想，不公布組距也有矛盾。例如教育部正進行高中職社區化，旨在讓社區內學生就近就讀該校，不要越區就讀，來去除明星高中，各校可依其需求與特色發展重點。這是教育部這幾年來的強勢作法，如果這政策有效，學生應會就近就讀，不會因為公布組距，造成明星學校排名，就撼動學生對學校的選擇，所以反對組距公布就是一種限制，也是畫蛇添足。

伍、基測選填志願的困難

　　每年基測考生接到基測成績單之後，除幾家歡樂幾家愁之外，最重要的是如何選填就讀學校志願？因為成績單僅有分數，考生選填志願僅能以教育當局提供的全國 PR 值人數分配，但沒有選填志願的其他參照標準，所以很多家長向坊間補習班購買去年各校排名

及可能錄取分數，這是隱憂。

　　由於教育當局不願公布各縣市學生組距，所以引伸而來的是家長對子弟就學志願選填非常困擾，擔心萬一如果未填好，會有高分無法就讀理想學校，甚至有高分落榜情形。為何會有高分落榜或無法填到理想志願呢？其實這是在基測的 PR 值有幾項嚴重限制。

　　在此先解釋 PR 值的意義。PR 值（又稱為百分等級）是指在某次考試若區分為一百個等級之後，某位考生得到的等級將勝過他之下的等級數。例如某考生 PR 值為 95，代表此次考試，如以一百名為單位，它是位居在第 95，其中以一百等級最好，所以等級為 95，代表勝過九十四名考生。這種分數設計有幾個限制：

　　第一，不同等級的人數可能不盡相同，同時相同等級的考生人數也不會一樣。也就是說，等級為 85 的可能有一萬名，但在等級 90 僅有五千名。或是等級為 95，但在不同縣市（或稱為母群的多寡）就會有不同的意義。這樣問題就來了，如果是等級為 85，這一萬名考生都要填選某一所學校，但該所學校錄取名額為三千名，此時要能從一萬名中挑出該校名額，對學校及考生就會有困難。因為同等級的學生多於要錄取學校的名額，形成所謂的僧多粥少現象。

　　第二，在 PR 值的選填困難也在於不同縣市考生的 PR 值人數不一，因此同一縣市考生無法以全國的 PR 值作為填選志願參考。因為不同縣市，每年報考學生數不一，即不同地區有不同考生數，所以考生所形成的 PR 值人數分配在各縣市將不一，如果在縣市內要填選志願就無法隨心所欲，因為縣市內的 PR 值人數分配與教育當局所提供的全國 PR 值人數分配不一，此時對考生及家長在選填志願上就非常困擾。易言之，當局提供全國性 PR 值人數分配，對所有縣市考生，只能與全國相較，並無法在各縣市內自我比較。這將模糊考生選填志願的方向與價值。

　　除了縣市之間的差異與同一百分等級有不同的考生人數之外，考生選填志願沒有參照，所以就依坊間補習班業者提供去年錄取學校的百分等級所相對應的考試分數。此將誤導考生選填志願，也就更為本末倒置。因為去年考題、考生或考試後百分等級人數分布不等同於今年形式，所以如果家長及考生過度相信去年或前年基測百分等級人數分配，就可能發生高分落榜、高分低就或最後公布出令家長與考生不滿意的就讀學校。這不僅讓家長投入更多考試成本，而且更無法達到子弟選填志願的效果。

　　從上述可看出，不同縣市或不同區域的考生，在當地並無明確百分等級參照點，因而考生在填選志願時將陷於「模糊中無序」、「同一等級未必是同分所帶來的亂填」與未依自己志願填寫，這將讓考生除了被考試折磨之後，在後續志願選填更倍增困擾，這豈是好的考試制度所期待的？又豈是教育改革的目標？

　　記得教育部在第一年實施基測時曾指出，如將基測組距公布會造成考生分分計較、形成明星學校更惡化、讓考生更會比較分數高下。但問題是，如果讓考生無法獲得公平選填志願方向、讓學生適才適所、讓考生獲得應有的考試資訊，這對考生不也是一種傷害嗎？尤其，當考生或家長收到成績單之後，所緊張、擔心、關心、憂慮的不在於明星高中是否更形惡化、考生是否在比較他們之間分數高下、更不在於 PR 值高低，因為以百分等級作為學生填寫志願參照，反而增加考生與家長對背後「真實分數」的好奇與渴望，以及對 PR 值的不解、誤解與不諒解，相對的，家長最擔心的是究竟學生所考的分數可就讀哪些學校，這些學校是否為適合子弟，這是考生所期待。同時如果當局對高中職社區化政策深具信心，那提供更適當考試資訊，不也更可以證明高中職社區化的政策價值，而不必遮遮掩掩的讓考生及家長增添考試困擾嗎？

　　總之，收到基測成績單之後，從先前的白老鼠被試驗，接下來仍需要再接受另一波選填志願煎熬，身為家長僅能無奈，只能說白老鼠加油吧！

陸、聯考也不錯

　　每年學測考完一定都有爭議性考題出現。會有這樣考題不讓人意外，主因在於學測仍是「變相聯考」，命題者也許不用心或疏忽所致。其實，學測與過去教育部官員說要廢除的聯考，在考試這關並無太大差異。反倒是學測之後，我們擔心有更多學生要進入第二階段推甄與第二次學測問題。此多元入學方式是否比聯考還要好？值得考量。

　　2002 年教育部說廢聯考，改以多元入學替代，但這些年來還是舉辦全國性的大型考試來招考入學學生，與先前五十年的聯考差異，僅是換湯不換藥，受害的仍是學生。因為第二階段推甄及這次學測考得不理想者，再進入第二次學測，學生考試壓力增加是不可忽視的事實。所以，看來我們如回到先前聯考制度，也沒有什麼不好。因為，多元入學考試其實有很多問題。

　　先是推薦甄選須一次全國性的共通考試，這就是聯考了，不是嗎？接著學生再由各校單招，單招雖然讓學校依學校系所需求，招進需要及適合的學生，美其名是如此，但在這過程中卻引來關說、請託、主觀、走後門、不公平、不客觀、不合理、百分百推薦（私立學校居多）。如果學生通過學測第一關卡，再準備推甄，需要有學校成績與平時表現作為基本評比，同時二階段考試的當天亦有小論文及面試。面試是相當主觀的，在短短五至十分鐘要對一位考生

進行評分是不容易的事。作者在大學擔任過這樣的工作，覺得要在這樣的制度下評分，實有不妥。

這也就是說，二階段考試對學生學習壓力並不一定減低，因為他們可能需要接受二次筆試，另外要申請學校，考生可能不僅申請一校，在準備考試資料時將分身乏力，所以這樣的考試設計並不一定適合多數學生需求。同時高三未畢業就推薦，因為學測多階段，未考上學生看到其他學生考好已在玩樂，因而在第二階段念書意願低落已浮現，這可能影響這部分的學生學習。因為學生多次考試社會成本都是多元入學，讓所有學生、家長、教師及社會面臨問題。這無疑是增加學生參加補習班的課後補習，學生真的快樂嗎？

過去引以為傲的是聯考公平性，一次考試讓大家都有心理準備，它更讓所有考生在同一基準點比較高下，並沒有走後門及關說問題。更重要的是聯考讓社會階層低者依據自我努力，而有社會階層流動機會，但學測的申請與推薦無法反映公平問題。過去幾年辦理推甄入學，就曾發生過有很多官員、政要、重要人士、民意代表，透過關說與請託，要求參加推甄的大學強迫錄取特定人士；以及私立學校百分之百推薦學生，作為私校招生廣告工具。因此，好的大學就學機會就成為各上層社會人士、有力人士、具有影響力的政治人物與學校相互角力、利益輸送、不公平競爭的標的。結果是沒有背景的學生、沒有更多教育資源的學生，他們的未來學習令人擔憂。

廢除多元入學考試，避免多錢入學、多元壓力及學生補習歪風是學生所期望。教育部卻說聯考是大怪獸，多元入學是好的寵物。其實，多元入學對高三的課業都在複習前兩年的課程，根本沒有真正讓三年級好好學習三年級的課程，這樣濃縮學生課程，學生能力究竟是否提升，不無問題。但可肯定的是，學生補習，死記、死背

的猜題技術，成本增加，高低成就的學生差異愈來愈明顯，這僅讓考試問題更嚴重，所以學測這樣的多元入學才是「寵物中的怪獸」。

聯考雖有一試定江山、考試領導教學、過去三民主義意識形態過重、每年 7 月考試暑熱考生難熬、考題答案紙遺失、爭議性題目與槍手出現（其實，這些項目學測也陸續浮現）等問題，但五十多年來，聯考確實公平、合理、不讓學生走後門，進而讓中低階層學生公平、合理、公開的競爭，不僅社會成本低，學生不需要為了二階段的考試資料而傷透腦筋，家長更不需要為了子弟的入學，而擔心關說或尋找門路，且能因為聯考的方式讓子弟得到社會階層流動的機會（由低進入高社會階層），這樣的入學方式是我們所需要的。

總之，當多元入學實施之後，我們認為教育機會將會更加不均，學生補習的時間會增加，考生成本也會增加，學生的壓力更會增加。更重要的是，來自於低社會階層家庭的子女，因為沒有錢補習，沒有更多的教育資源，卻要增加他們的學習壓力，試問他們如何能夠增加他們接受好的高等教育的機會？這難道不是阻礙了他們的學習機會嗎？

柒、高中老師也是白老鼠

對於 2005 年基測，作者感到相當憂心！憂心不在於考試公平性、第二次的推甄、考題難測、題型難料、組距不公布、難易度不好捉摸、考試不易準備或家長投入的社會成本，因為這些問題在聯考制度都會有。

作者憂心的是今年考題依教育部所說「中間偏易」所衍生的問題。就如近日民代及社會輿論都認為這樣的考題沒有「鑑別力」，

無法區辨學生程度。這將凸顯出程度好與差的學生都可能會有同樣的分數，能進入相同學校及相同班級。這將使得國中會發生的問題延伸到高中，也就是「將國中問題丟給高中來處理」。相信這是高中老師最為擔心的。何故呢？

首先，最關鍵的是國中與高中學習銜接將產生問題。也就是國中應學好的基本能力，並沒有從這次基測中顯現出來，影響所及是學生程度不足而進入高中，這影響到高中課程及學習進度的問題。以這一屆國中畢業生來說，今年9月進入高中就讀，可是他們在數學程度落差大。這主因在於建構式數學及新課程過度簡單，因而造成縱使從基測考試過的學生，其能力依然沒有顯現出來，這就是基測與新課程所產生的弊端。

因為國中新課程過度簡單、生活化、情境化與鄉土化，但相對的，高中並不是九年一貫課程的延伸或統整，所以進入高中的學生面對高中課程較深、較學術性及較以升學為導向的科目，將會有學習上的困擾。這困擾不僅會影響學生，甚至影響高中老師及高中課程的延續，所以在國中生偏易的學習下，學生進入高中遇到較深入的課程將有很大的適應問題。而這樣的問題將會在日後一一的浮現。從這些現象可以預期，未來進入高中的學生，不僅學校提供的課程將無法接受，可能老師進行的教學、實驗、課程內容等，都無法讓學生順利學習。

因為學生會覺得課程深奧。就以高中數學課程為例，它並非是建構式數學，所以老師可能教的是另一套，學生可能要放棄先前所學習的那一套，而來學習老師所慣用的這套教學法。這種師生各自表述情境，並無法讓學習達到目標。這也難怪很多家長及考生，甚至老師們呼籲在基測考完之後，國中畢業生將在暑假進行補救教學，以彌補進入高中所應具備的能力缺憾。但問題是並非所有的家

庭或家長可以有充足的經費提供補救教學，或是全部的高中老師都這麼有耐心及愛心來提供這樣的補救教學。這也就是身為高中老師的憂慮。所以，如果沒有進行補救教學，國中問題丟到高中來，高中如果沒有妥善解決，這難道是教改所期望的嗎？

其實，對學生數學成就的落差早已知道，但是教育部為了掩飾新課程的問題，所以將這次的考試題目偏易處理，這顯然是鴕鳥心態。因為 2005 年 5 月初教育部專案小組坦承指出，九年一貫課程第一屆畢業生有八個單元與高中課程銜接出現嚴重落差。這落差不僅影響到基測表現，也影響進入高中學習的狀況。嚴重落差單元包括幾何與三角函數、數列與級數、不等式、線性函數與二次函數、一元二次方程式的解、平方根與立方根、因式分解、乘法公式與多項式。教育部更坦承乘法公式與多項式、因式分解、平方根與立方根的程度落差最大。因為學生數學程度落差大，所以基測考試題目難易程度就影響學生升學與進入高中後學生的學習與教師教學問題。

換句話說，九年一貫課程讓學生學習過於簡單、沒有系統，造成知識空洞，這將產生學生學習銜接的問題。如果進入高中職學生有補救教學或可改善學習，若未進行補救教學或未進入高中職學生如何補救呢？是否就讓這些學生自生自滅？而數學科是如此，英文科、物理與化學難道不也是如此嗎？所以新課程無法解決補習問題，反倒是學生進入補習班從舊教材中學習深入課程內容，這違反新課程減輕學生負擔本意。因為都會區家長有時間及金錢供子弟補習，在偏遠及鄉下地區，沒有錢補習者多得多，所以今年以新課程學習來接受基測學生，學習公平問題已更明顯。

最後，新課程有課程綱要提出十大基本能力，基本能力過於模糊及不明確。但高中課程並沒有考量這樣的延續，這問題將會影響後續課程與教學。當局曾試著要求將基本能力轉化，讓能力更能從

學生學習內容中評量。但執行至今，將基本能力轉化為學習指標之後，交給學校、教師的卻是厚厚一本，在教學現場實際運用則少之又少，因此究竟這些基本能力指標轉化效用有多少？學生學習是否真的可以從這些指標反映出來呢？同時未來高中是否延續此能力指標，也應好好思考。

　　總之，參加基測的國三畢業生除了是教育機關的白老鼠，高中老師也可能是教育部要來實施這屆國中生補救教學的白老鼠。不是嗎？

捌、雙峰現象惡化

　　自2001年國中取消聯考後，就以基本學力測驗取代入學方式，但四年來每年學測都出現一個共通現象，就是學生成績具「雙峰現象」，高分者恆高，低分者恆低。這問題有愈來愈嚴重的趨勢。為何有這樣嚴重問題，卻未見到當局提出因應對策？讓社會無法接受。且這問題潛存於社會及教育體制之中，如不謀求解決，會影響日後社會的穩定發展。

　　造成雙峰現象原因很多，例如學校位於偏遠地區，相較於都會區的學校，教育資源不佳，政府對於學校的關愛不多，因此住在鄉間的學生無法像在都會區的學生有更多的教育資源及發展。又如因為偏遠地區師資流動率高、學校人事不穩定，因而無法讓學生與老師有完整及良好的互動，因為師資流動造成學生學習不穩定，也是影響雙峰問題之一。再來就是有很多社會階層較低的學生，因為來自於鄉間、離島、偏遠山區或海邊，他們沒有更多的家庭教育資源，如圖書、電腦、報紙、圖畫、故事書，以及因為家長為養家忙

於工作，沒有太多心力關注他們的教育，因此這群學生學習也受到忽視。而更有些家長因為長期失業、身殘、沒有工作，有的雖有工作，但以零工為生，無法有較穩定的經濟收入，因此對這些子弟的教育無能為力。他們無法與都會區的學生擁有同樣的補習機會，沒有太多參考書、電腦，沒有圖書、文化中心或圖書館又距家很遠，所以沒有完整的學習環境，造成他們對於課業更缺乏興趣。

　　當然，有很多學生學習低落造成雙峰現象是因家境貧窮。家扶基金會（2005 年 7 月 28 日取自網站 http://blogs.mis.nchu.edu.tw/student/93/49329039/archives/2004_11.html）指出，根據最新發表的「台灣貧窮循環調查報告」：至 2003 年底全台灣有 76,406 個低收入戶家庭，其中有 14,616 個可能處於二代貧窮循環中，比率高達 19.13%。這問題已在社會中潛存與蔓延，影響所及是學生無法獲得完整學習，因為家計無法負擔，貧窮的現象將會循環。家長沒有工作加上經濟不景氣造成家計貧窮，因此他們的子弟無法獲更多教育資源及關懷，甚者有些需要協助家中經濟，在農忙時下田或另外找部分時間工作。這樣因貧窮造成學生無法獲得完整學習，甚至剝奪學生學習權的問題，是近年來雙峰教育現象背後潛存的危機。

　　雙峰問題還有來自於學校教育本身，因為整體課程設計及學習內容無法讓學生與社會結合，也未能引起更多學習興趣，使得學生缺乏學習動機。加上近年新課程、建構教學方法、鄉土教育、鄉土語言教育、意識形態課程，以及對整體課程及學習內容無法接受，學生學習時間受分割且對課程內容反感，因此在基測考出來的成績就有雙峰現象。

　　過去李遠哲先生在行政院教改會曾指出要將「每位學生帶上來」，目前基測所反映出的「雙峰現象」，不僅是現象，而且可能是嚴重的教育問題。也就是說，近年來在教育的雙峰現象，非但沒

有將每位學生都帶上來，反倒是讓這些學生更加沈淪。因為近年來，沒有看到教育當局對雙峰問題提出任何因應措施及政策方案，這對學生學習及發展是很不利的。易言之，僅看到媒體對此問題每年一再地報導，卻沒有看到政府提出有利的解決方案，這是教育的隱憂。

　　就教育政策面而言，雙峰的教育問題反映了幾個亟須解決的現象。一是對於這些學生應有「積極的差別待遇」，也就是不管教育當局或學校，都應給與這些學生更多教育資源及關懷，而不是僅在「雙峰問題」打轉。二是雙峰現象的對象主要是社會階層低、貧窮率高、鄉間地區、偏遠離島地區的學生，因這些地區家長收入不高、不易謀生，因此當局應對這些區域列為「教育優先區」，而此教育優先區與過去以教室及運動場硬體設施不同，它是要提供更多課輔學習計畫及學習活動，也就是從軟體及學生的心靈著手，如此才可以讓學生學習效能提高。三是雙峰問題關鍵在學生英語及數學學習，尤其是英語問題，除了期待當局提供硬體與師資之外，更重要的是鼓勵具有英語教學能力，且居住在當地、具有愛心或樂意奉獻教育愛的工作伙伴投入這些地區的教學行列，因為外在及當局既然無法提供教育資源，學生學習又無法等待，就僅能依賴自動自發的團體力量給與這群學生學習機會。

　　總之，基本學力的雙峰現象問題近年來有惡化傾向，面對此問題，當局沒有提出因應策略，僅讓這訊息一再產生，期待能早日提出有效良方，否則此問題將會更嚴重，對學生學習將更不利。

玖、正確解讀 PR 值人數分配

2005 年，在三十三萬名考生基測 PR 值公布後，當局未能釐清社會及考生在 PR 值的疑慮。因為與 2004 年的 PR 值相較，更可看出新課程與教育部說基測「考題中間偏易」問題是矛盾的。何故呢？

就高分群學生來說，2005 年在 PR 值的「最高分群」（PR 值在96 以上的學生）考生較 2004 年減少。在 PR 值 96 至 98 數值比 2004年低，其背後意義是基測並未如教育部所說「中間偏易」。因為2004 年 PR 值 99 的學生有 3,610 人，而 2005 年在報名人數增加七千多人，PR 值 99 的考生卻下降為 3,488 名，明顯減少 122 人（見表2-1）。

假若如教育部所說的「中間偏易」，應會讓程度好的學生分數提高，但從這高分群的 PR 值分配人數與 2004 年分數分配來看，卻沒有在 PR 值顯現出來，這表示 2005 年基測考題並無法讓程度好的學生從考試中展現出來。這是嚴重警訊，因為程度最好的學生無法從這考試鯉魚躍龍門。它表示接受新課程的程度最好的學生，學業成就無法從考試中分出高低、勝負或決定學生就讀學校。試想未來考試程度好的學生無法反映出，將造成「考試反淘汰」。那基測無疑是無法鑑別學生能力，又何必要讓學生參與這考試呢？

在「中上程度考生群」人數分配也顯示同樣問題。在 PR 值為70 至 90 之間的累計人數來看，2005 年較 2004 年增加 1,119 名。但所增加人數，並無法認定是 2005 年中等程度學生在考試分數有明顯增加。因為在前述的「高分群學生」就已減少了幾百名，再加上2005 年考生較 2004 年增加七千多名，所以可能讓這群考生人數增

表 2-1　歷年參加基本學力測驗的百分等級及報名人數

報名人數	2001	2002	2003	2004	2005
第一次	302,401	299,714	313,239	314,675	322,330
第二次	176,449	189,634	183,414	188,739	--
等級					
99	3,148	3,252	3,424	3,610	3,488
98	6,178	6,122	6,591	6,677	6,589
97	9,484	9,405	9,638	10,250	9,890
96	12,237	12,688	12,898	13,571	12,975
95	15,281	14,989	16,467	16,094	16,378
90	30,013	30,832	32,425	32,193	33,117
85	45,831	46,037	48,149	48,403	49,026
80	60,363	60,060	63,131	63,900	64,892
75	75,760	75,889	78,479	79,741	81,400
50	150,728	150,850	157,385	157,708	161,643
25	224,535	224,875	235,521	237,391	241,957

註：各欄人數是累計人數。
資料來源：2005 年 7 月 28 日檢索於 http://www.edu.tw/EDU_WEB/EDU_MGT/STAT-
ISTICS/EDU7220001/indicator/index.htm

加，但 2005 年落在此 PR 值的考生增加，並不一定是考題偏易或依
新課程能力才增加這些考生，易言之，2005 年落在中等程度學生並
未實質增加。換句話說，如果是教育部所言「考題中間偏易」的
話，這些學生應當提高考試分數且在這「中間程度考生群」會有人
數增加，但從這項數據卻沒有顯現出來。這更說明接受新課程學生
程度較過去更有能力降低的嫌疑。

　　如再仔細比對 2004 年與 2005 年的「低分群考生」（即 PR 值

在 19 以下的考生約有六萬餘名）成績人數分配更可看出，2005 年
低分群考生，較 2004 年不但明顯增加，且較 2004 年多七千餘名，
而有多數是落在此群。這顯示 PR 值最後半部學生，不僅無法在教
育部所謂「中間偏易」獲得高分，反而有增加人數現象。這更表示
低分群學生不僅無法從基測獲益，甚至在新課程無法提高學生能力。

其實，比較兩年 PR 值學生分配可看出幾個重要現象：一是高
分群學生並沒有因為考題偏易而有增加現象，顯然對於程度好的學
生，在這場考試並不公平，也無法測出真實的能力。二是在中等程
度群學生，2005 年看來似有增加一千餘名，但如考量 2005 年考生
增加七千餘名，這群學生人數較 2004 年增加，也非真實增加，而
是因為總體考生人數有增加。所以中等程度學生並沒有真正的提高
考試分數，這代表 2005 年的考題不是「中間偏易」，就是考題沒
有鑑別力，或是我們的學生真的是在新課程下，能力下降了。三是
更引以為憂的，2005 年位於「低分群考生」人數卻未因考試簡單、
無鑑別力考題而減少，反而從 2005 年數據來看卻有明顯增加，這
更可說明九年一貫課程並未真正把每一位學生帶上來。

總之，從 2005 年的 PR 值分配狀況與 2004 年資料相較可發現，
所有學生沒有因中間偏易考題而有增加學生分數及讓 PR 值分配改
變。因此當局有深入檢討政策的必要。因為 2005 年與 2004 年各 PR
值考生人數分配，在高分群、中分群沒有明顯增加，低分群卻明顯
增加。這是嚴重警訊，當局若無法從這次考試 PR 值考生人數分配
檢討政策，來年問題會更為嚴重。因為來年如以「中間程度」或
「中間偏難」考題，甚而是具有「鑑別力考題」，此時學生可能更
無法招架，PR 值分配狀況可能更會形成兩極化現象。

拾、多元入學問題

　　每年大學學測之後，就有補教業者提出當年命題趨勢及特色。這場景與過去聯考並無不同。但過去幾年間教育部對此政策反覆，到現在還是在進行大型考試，並未解決學生升學問題。

　　首先，2002 年 5 月間教育部長黃榮村說，如有 95%民眾支持聯考，而不支持多元入學就辭職下台，以示負責，這是很不負責任的說辭。教育部長可能曲解民意與亂用民意，因為要全國有 95%民意反對支持是困難的事。換言之，部長敢說 95%人支持多元入學，否則就下台嗎？倒是在當時，教育部長不願意支持有五十多位中央民代所簽署反對多元入學意見。不禁要讓人懷疑，教育部長的「民間」或「民意」意見，究竟誰才是民意？

　　2000 年總統大選，當選者支持率不到四成，國人就支持；歷年民代選舉，投票率僅七成，也未有 95%都支持同一候選人。因此，教育部長以 95%支持聯考就下台說詞，簡直在唬弄民眾。就如教育部很多爭議性政策，例如九年一貫課程政策、教育經費編列與管理法、大學整併政策、大學學費政策、師資培育多元化等，教育部長敢說有 95%支持者或 95%不支持，就下台嗎？

　　其次，既然民眾認為教育政策有危害、影響身心狀態等困擾，就應解決民眾問題。這也是教育政策特性，是政府應盡的責任，否則政府存在的目的已失。換言之，教育部無法發揮政策規劃與執行功能，又何來教育部？因此，對於入學制度變革，教育部長說辭是政策打高空、無意義說辭，對問題解決非但無益，而且對教育政策執行將陷於模糊狀態之中。教育部長支持多元入學是聯考變形，也

是多次「聯考」，對學生壓力不減反增，學生無所適從，家長無法認同。這是民意，也是教育部應尊重，而非打高空的政策說詞能解決。

最後，大學學測結束，但隨之而來的是推薦甄選，由各校單招，單招雖讓學校依需求招進需要的學生，但過程也引來關說、請託、走後門、不公平、不客觀、不合理、百分百推薦、二階段考試對學生學習壓力不一定減低、高三未畢業就推薦影響學生學習、學生多次考試的社會成本等問題，都是多元入學讓所有學生、家長、教師及社會面臨困擾。

當多元入學執行之後，教育機會不均將更嚴重，低社會階層家庭子弟又有哪些管道可接受好的高等教育？

總之，大學多元入學考試，說是廢聯考，其實是一場大型考試，也是聯考的變形，並無新意。教育部對入學制度仍是在打轉，並未真正解決學生的升學問題，不是嗎？

拾壹、安心作弊，不罰

2005 年大學入學考試傳出電子舞弊案件。這案件並非頭一遭。過去幾年已有這問題，但最後法院判決卻是舞弊考生及唆使或參與者未受到嚴重處罰，再次發生，不意外。怎麼說呢？

1998 年有一件非常重大的大學入學考試舞弊案，比起 2005 年案件更為嚴重，除有電子舞弊外，更有人已進入大學就讀，後來才被糾舉而退學。而該案經過四年法院審理，2002 年 8 月 9 日台北地方法院判決，將當年大學聯考電子舞弊案的槍手、考生、家長、業者判無罪。當時這判決令社會震驚，因為大學入學考試舞弊未受應

有處罰，僅作弊考生不能參加當年度考試而已，來年這些考生一樣再參加入學考試。對業者或參與舞弊者僅以違反電信法規定罰錢，未受應有刑責。難怪，2005年考試舞弊再次發生。

如果考試舞弊僅對考生嚴禁當年不能應試，對參與舞弊者沒有刑責的處理，這有不良效果：第一，聯考嚴重舞弊者無罪，日後將有更多升學考試舞弊，因為目前考高中的三十多萬名參與基測學生，以及大學入學考試每年都有十多萬名考生，何況政府將一年多次考試視為重要政策，可說已成為多元入學考試國家，卻沒有相對應的舞弊罰則，這豈能讓認真考試者接受？第二，舞弊者無罪對考試公平、公正性及合理性打擊很大。只要作弊者不被抓到，就可逍遙法外，有幸考上的學生仍在大學不受到處分，這無疑讓不法者有正向效應，考試公平性已喪失。任何考試應有公平性，如果沒有公平準則，對其他數十萬名考生如何交代？第三，舞弊不罰對整個社會帶來負面誘因，即做錯事者不罰，對日後的社會價值觀會有不當影響。沒有對舞弊者進行嚴懲，將造成社會價值混亂。台灣社會豈不成為「作弊的社會」、「投機的社會」、「不公平的社會」。

眾所皆知，台灣是考試王國，學生從小到出社會都經過無數的大小考試，中學的聯考、推甄、大學入學考試、研究所碩士班、博士班考試，以及日後公職考試及其他公務機關考試不勝枚舉，但國內對舞弊的法制欠缺，令人憂心。這也是舞弊者每年都想躍躍欲試的主因。面對此情形，當局應有以下共識：

第一，學生入學考試是否為「國家級考試」應重新定位。不管是入學考（高中考大學、國中考高中及高職與五專）、研究所考試，或自2002年以後的多元入學方案、大學推薦甄選、大學入學考試等都應重新定位。是否將它視為國家考試，並訂定相關罰則及處理規定，如此更能讓考試法制化。因為每年參與多元入學考試學

生非常多；大學推甄學生人數也不少。這些考試都比每年國家高考及普考或基層特考人數還多。因此，當局是否應重新將這些考試定位為國家級考試，規劃一定的程序及建置日後考試罰則。

第二，當局應制定「學生考試法」，作為日後學生考試問題產生後的相關準據。「學生考試法」可從國中升高中、高職、綜合高中或五專；高中職升大學或技職校院等種種做規範。就如可針對學生入學考試的申請、考試報名、考試分發、考試舞弊、考選方式，甚至考試日期及相關細節等進一步規範，讓學生在相關考試有明確依憑。而現行各級學校的各種考試都由學校「報名簡章規範」，這種規範效果僅具消極性、簡單性與特殊性，也就是它可發揮學校招生特色或對特殊情境的學校考試規定詳盡，但最大限制在於沒有適當罰則，也沒有與相關的教育法規進行聯結，或獨立出來規範考試的相關問題，這就讓有心要舞弊者找出一條很好的漏洞，因為考試舞弊僅讓學生不得參加考試或僅給與該科零分、扣少數分數處理。而這樣的漏洞一直存在我們的考試制度中。這種消極方式無法達到嚇阻舞弊效果，也違反考試公平原則。

總之，2005年舞弊者看來也是無罪，因為先前案例如此。如果這預期實現，未來學生入學考試如舞弊不強制處分，而僅以取消其入學資格或零分計算，這將無法掃除考試舞弊，同時將帶來更多業者的舞弊意願，並造成入學不公平及更多考試問題。當局豈可縱容？

拾貳、誰是教改假想敵？

看到 2005 年大考舞弊者包括了家長與數十位考生參與其中，真不知如何理解我們的教育價值究竟何在？以當年的錄取率高達

89%以上，還有人作弊，真令人無法接受。試問：我們的教改有用嗎？時下的教育政策真的比以往還能讓學生快樂嗎？學生升學壓力真的減少了嗎？否則這些問題豈會產生？

　　十年前教改起因是「體制外」認為師範體制過於保守、僵化、傳統、封閉，以及是「反改革對立者」，因而被民間教改團體揭舉為「教改假想敵」，人人喊打，師範體制猶如過街老鼠。

　　因為在課程觀上，師範體制主張學科領域、知識與生活並重、社會與實用兼顧，但卻被認為未能由近而遠、學生未能主動建構與創造知識，學生未能學以致用解決問題。因此，新右派民間教改人士提出九年一貫課程，以反知識、反菁英、反學科、反集權、反傳統、反僵化、反「統一」、去中國化等，要打破一元課程與教材、反對一元評量與目標、唾棄一元式的「菸酒公賣局」師資培育；要打破統編、強調多元文化課程觀等，來建構教改的大夢。但這大夢與所謂的「願景」，十年後是否真的讓學生快樂？家長放心我們的教育？老師樂於教學？

　　尤其昔日走在民間教改第一線，如今主政教育者持上述的「教改理念」要大展身手，但看來似未能解決教育問題，反倒是在「多元價值」下形成「人人一把號，各吹各的調」、「在鬆綁中卻看到體制混亂」、「在多元中卻看不到主流價值」、「在反菁英教育與反知識中，卻建構不出新課程及教育的方向」、「多元培育師資造成流浪教師」、「廣設大學卻造成學生素質下降，但考試舞弊依然存在」，更重要的是並未建構學生的未來與國家的教育方向。因此，不僅老師、學生與家長看不到台灣的教育目標，也看不到學生的未來。而今更讓過去被認為是教改假想敵的師範體制者認為，「目前的主政教育者」才是「教改的假想敵」。因為幾年過去了，誰也沒能保證我們的學生是更快樂學習？我們的學生有未來？

　　看到每年的基測、大考數十萬名的考生依然上戰場應試，考試問題依舊，每年7月媒體所報導出的問題都是：學費高漲、大學生失業、考試舞弊、考生家長陪考、「補教界對題目所言的考題難易適中」等。這都反映出我們的教育根本沒有改變，只是當局提出很多口號、列出很多報表、提出很多教育理念、製造很多新聞與名詞。這豈是我們所期望的教育，又豈是家長與學生所樂意接受？

　　其實，我們應好好思考，今昔兩派人士在過往教育政策論點的相互對立叫罵，就如藩籬鴻溝、洪水猛獸，不僅在教育政策理念、計畫、方案、教改執行、師資養成、課程規劃、十二年國教、本土語言教學妥適性、英語教學普遍性，乃至於教育體制願景，在在都形成對立衝突。那我們的教育究竟要往哪個方向走？家長期望理解，學生更期待有明確方向。否則，再走下去，來年還是一樣的教育新聞，不是嗎？

■ 本章討論問題

一、您覺得國中基本學力測驗有哪些問題？

二、您覺得國中基本學力測驗考完之後，應公布組距嗎？

三、您覺得不公布基本學力測驗組距有哪些問題？

四、您覺得聯考制度與國中基本學力測驗，哪一個比較好？為什麼？

五、國中基本學力測驗搭配新課程，有哪些問題？這樣搭配是否適當？

六、基本學力測驗成績呈現雙峰現象，造成這問題的原因何在？

七、如果您是教育決策者，應如何解決雙峰問題？

八、何謂 PR 值？以它的方式來作為基測人數分配合理嗎？

九、入學考試作弊被監考人員逮到，結果法院審理後不罰，您覺得這會有何後續效應？

十、您認為台灣的教育改革很難達成目標，其原因何在？

第三章

國民教育議題

壹、誰關心新台灣之子？

2005 年 3 月報載，澎湖有四位越南女子從事「婚姻叫賣」，此種以婚姻仲介為名，卻以人肉市場為實的婚姻買賣，在近年來檯面下有愈來愈多的趨勢。

因為外籍配偶人數增加，不論是被買或自願來台者的生活適應、文化認同、語言差距，乃至他們子弟就學與生活問題，都將浮現在日後社會之中。由於「新台灣之子」進入國民小學人數逐年上升，據最新統計顯示，國內每八位入小學學生就有一位外籍配偶子弟。這其中隱含很多教育與社會問題。

一般說來，台灣娶外籍子女為配偶存有市場「供需」的買方與賣方的不平等關係。因為雙方在不平等條件之下，日後的教育、生活與社會問題將更多。

以供給的賣方而言，女方千里迢迢越洋來台，抱著一份喜悅的期待與希望，通常這樣的期望都是一廂情願，相信來台之後可以改善她們在原居地的生活與經濟的迫切問題。例如可解決家中經濟、找到合適的好先生、找到好婆家或居住地、轉換到更好的生活方式、增加社會階層流動等。因此她們對台灣的語言、食、衣、住、行等生活習慣都未知下，抱著希望來台，這也形成外籍新娘供給源源不斷。

就需求的買方而言，男方大都來自社會階層低、經濟生活水平較差、居住較偏遠、教育程度低、年紀較高、離婚者、家庭較不完整、有重大疾病傷殘者，有些為了傳宗接代、有些為了享齊人之福或性需求，也有些是假結婚真賣淫或其他目的等，但外籍配偶不了

解這些，因此坎坷路與不幸事件在台灣一再上演。

　　依經濟學理論，在自由競爭市場將供需平衡、各取所需、各盡其能，但台灣在此種算是競爭市場的買賣雙方，表面上供需沒問題，反倒是在供需背後，潛藏著男女雙方在價值觀（文化觀及社會價值觀不同）、生活方式、角色地位（男尊女卑）、生活習慣、語言溝通、教育程度、年齡差距過大、身心健康差異過大，以及對生活價值與未來認知不一等「不平等關係」，使得這些共組家庭問題重重。

　　除了現階段男女雙方生活問題之外，更重要的是新台灣之子日後求學無法適應學校及社會生活，而種下一個不定時炸彈。

　　筆者指導一份碩士論文，有關本籍與外籍子女學業成就研究[註1]，在一百一十九位外籍子女與一百四十九位本籍子女之中發現：新台灣之子在學業成績、學校生活適應、同儕朋友多寡、家庭的文化資本、家庭教育環境，乃至於家長的經濟及教育程度都較本籍差。因此他們在學校是同學們異樣眼光的對象，老師在大班教學情境下，工作繁多，無暇多關注這些學生。因為成績差，加上家中父親養家出外賺錢壓力，並無閒暇照顧子弟，所以新台灣之子的教養就落在外籍配偶身上。問題是這些外籍媽媽對台灣教育了解不多、對學校功課掌握不足，加上本身語言與台灣隔閡、文字不了解、本身教育程度不高無法解決子弟的課業問題、更無法到學校與教師及校方溝通課業問題。因為無法了解子弟內心感受，所以子弟有問題無法從母親獲得解決，因而壓抑在心中。這些新台灣之子的教育問題，就

註 1：見張芳全指導，柯淑慧（2004）。外籍母親與本籍母親之子女學業成就之比較研究——以基隆市國小一年級學生為例。國立台北師範學院幼兒教育學系碩士班碩士論文（未出版）。

會造成學校、家庭與社會的惡性循環。

　　因為新台灣之子在家中無法解決課業、內心、生活、交朋友問題，所以回到學校更無法適應學校刻板、無趣、課業繁多，以及同儕間差距過大的生活，於是他們就形成學校文化的「外籍同儕團幫」，甚至成為學校的「邊緣人」。這問題目前潛存於各縣市國小之中，甚至延伸到國中、高中職、大學，乃至社會中。我們可推斷，如未善加輔導，時日一久，他們可能成為閉鎖的一群，對學校課業、老師、環境、同學、成績、生活，乃至對社會都不喜歡且反感，這時台灣社會將會是何種境地？

　　目前台灣在政治是藍綠對決、族群是本省對外省，而今更有新興勢力——外籍配偶及其子弟，正無形中挑戰這生活空間。吾人可大膽預言，新台灣之子與外籍配偶是未來台灣教育與社會的另一「雙峰族群」。如未妥善解決將是台灣社會與教育的隱憂。也就是說，政府如未能在教育、社會福利、政治及文化上妥善提出因應，未來將產生嚴重的「本籍與外籍子弟學生」的雙峰問題。新台灣之子因家庭、同儕、生活適應不良，以及對學校課業無趣，進而對社會反感。而外籍配偶在「男女不平等條件」下，有問題投訴無門，更成為潛在問題淵藪。

　　總之，外籍配偶及新台灣之子逐年增加，當局應掌握這些子弟家庭與學習狀況、與這些家庭進一步聯繫、多一份關心，並掌握外籍配偶生活及教育問題，讓他們認同及好好生活在這土地，否則未來外籍配偶與新台灣之子增加到一定數量，就可能成為台灣的新主人，屆時台灣又將會是怎麼樣呢？

貳、貧窮對教育的影響

　　雖然台灣在 2005 年每人平均國民所得近一萬三千美元，但國內貧窮家庭有愈來愈多的趨勢。2005 年兒童基金會調查國內貧窮兒童及家計，約每十位就有一位（戶）貧窮。台灣有這種現象是隱憂，也值得正視。因為貧窮家庭易有貧窮孩童，貧窮孩童在教育資源及接受教育機會上相對較少，這讓學童日後社會階層流動機會減少，是值得注意的問題。

　　造成家庭貧窮的原因有很多，一是家中雙親或主要經濟收入者沒有工作、沒有經濟收入，所以讓家計陷於貧窮。二是單親家庭，家中經濟支柱缺乏，也就是僅有一位家長或經濟收入者在工作，無法獲得一定報酬，故而家中貧窮。三是因為地域貧瘠、謀生不易，例如生活在較不發達社區與環境，經濟資源及工作機會不好，所以國民會貧窮。四是家庭成員人數過多，而工作賺錢者少，僧多粥少，無法負擔家計因而家計貧窮。五是家中成員身心障礙者、重病、傷殘者多，謀生能力較低，因而貧窮。六是大環境因素，例如國家經濟呈負向成長，政府無法提供良好經濟與就業環境讓國民就業，所以國民無法生存，因而貧窮人數增加，開發中國家很多是如此。七是經濟結構不佳，因而失業人口增加，因失業者多所以導致貧窮人數增加。八是政府的政策不當，例如稅制不公、社會福利不均與不良、貧窮家計學生就讀大學無優待措施，都讓貧窮人數增加。九是外力因素，例如內戰，就如同非洲衣索比亞、伊朗因戰爭，國民的貧窮人口增加。最後，落後國家因經濟不佳，又得不到國際援助，所以國家整體陷於貧窮。前述之中，國內較常發生的現

象是前八項，這可能就是造成台灣的家計困難及貧窮人口一再增加的主因。

　　台灣近年來國民所得貧富差距愈來愈大，富者愈富，貧者愈貧，同時貧者更有愈來愈多現象。如表 3-1 所示。表中是以平均每戶可支配所得按戶數五等分位組區分，其中最低所得組與最高所得組的倍數差距由 1976 年的 4.18 倍，至 2003 年的 6.07 倍。可見貧者愈貧，富者愈富，貧富差距大。

表 3-1　平均每戶可支配所得按戶數五等分位組分

年度	平均每戶可支配所得	平均每戶可支配所得按戶數五等分位組					第五分位組為第一分位組之倍數（倍）
		1（最低所得組）	2	3	4	5（最高所得組）	
65 年	116 297	51 754	79 335	101 676	132 056	216 666	4.18
70 年	266 433	117 223	183 344	234 684	303 530	493 382	4.21
75 年	341 728	141 750	230 893	297 011	386 991	651 995	4.60
80 年	587 242	227 816	389 205	511 410	674 452	1 133 327	4.97
83 年	769 755	280 259	499 105	669 983	892 016	1 507 414	5.38
84 年	811 338	296 166	525 749	704 713	948 484	1 581 580	5.34
85 年	826 378	298 443	537 241	723 067	966 103	1 607 034	5.38
86 年	863 427	312 458	557 429	753 919	1 003 815	1 689 517	5.41
87 年	873 175	310 865	560 766	765 375	1 014 770	1 714 097	5.51
88 年	889 053	317 001	573 853	778 496	1 031 669	1 744 245	5.50
89 年	891 445	315 172	571 355	778 556	1 043 508	1 748 633	5.55
90 年	868 651	279 404	524 766	740 054	1 013 478	1 785 550	6.39
91 年	875 919	292 113	538 584	743 888	1 005 274	1 799 733	6.16
92 年	881 662	296 297	545 465	745 231	1 021 325	1 799 992	6.07

資料來源：2005 年 7 月 11 日取自 http://www.stat.gov.tw/public/data/dgbas03/bs7/yearbook/ch8/8-13&14.xls#a28

　　貧富差距過大是台灣隱憂。一方面家計困難及貧窮者人數不斷增加，對社會安定有不良影響。另一方面，貧窮者增加將造成日後貧窮者或下一代無法接受教育或接受更好教育者愈來愈少，所以下一代很難有社會階層流動的機會。嚴重的是，這將造成貧窮者的社會階級再製。也就是說，台灣的教育體制利富不利貧的資源分配，富者永遠可接受好教育，貧者較無法從教育中翻身，所以日後讓貧者增加之外，更讓貧者無法接受更好的教育，產生更多教育及社會問題。

　　一般而言，貧窮在社會、個體或家計之中是會循環的。也就是說，貧窮家計沒有更多教育資源及經濟環境讓家中成員有學習機會，所以他們的下一代居於貧窮生活環境之中的機會增加。因為貧窮家計資源少，在教育表現上有幾種情境，即學業成績較差、人際關係不良、生活適應不好、成就動機下降、與同儕互動機會減少、老師也較無法與他們互動、在學校適應不良。因此，他們在學校生活反應及學業表現不佳，使他們在當下更挫折，日後到社會適應更困難。因為學業成績不好，升學機會無望，加上無一技之長，就陷於貧窮困境之中。另外，貧者在經濟與生活上也是問題多多，因為上一代貧窮無法讓下一代滿足其教育需求，所以沒有營養午餐、沒有電腦及其他設備、家中沒有故事書、童話書、沒有玩具、沒有網路及相關求學必需品，在環境不足下，讓他們的學習落於自卑、無法安心及無法獲得精神及物質滿足的情境。

　　近年來台灣的各級學校學生，繳不出學費、沒有錢買教科書、負擔不起營養午餐、三餐不繼、沒有錢付交通車費，更沒有額外費用參加課外補習及購買參考書等，讓他們的學習已輸在起跑點上。有些學生更要運用休閒時間，與家長四處打工、半工半讀、自我謀生，才可支付基本學雜費用。會有這些問題，主因不外是家計已陷

入貧窮情境，家中無法提供充足教育資源及基本需求讓子弟滿足。當局如不去正視貧窮學童人數已增加、他們的基本學習狀況已欠佳，這些孩童將沒有未來。

　　總之，前述反映台灣的貧窮學生問題已浮現，這些貧窮學生無法獲得良好教育，因此對學習將陷於絕望、悲觀，終究對教育與社會產生失望。執政當局如不好好協助貧窮學生、提供貧窮學生需求及解決他們的根本問題，他們不僅會成為未來貧窮的一群，而且在他們生活的背後，將反映出更多教育及社會問題，這是亟待解決的課題。

參、裁併小校？

　　2002 年教育部研議裁併國內幾百所學校規模在六班以下的中小學，以減少政府教育經費。此教育政策問題多。

　　首先，它與現行要執行的小班小校政策相違。「小班小校」為1994 年行政院教育改革總諮議報告書的重要教改理念，也是後來重要的教育政策，它是 1994 年民間教育改革團體訴求，1996 年行政院教育改革審議委員會，李遠哲院長特別要求教育部應縮減國民中小學學校規模，班級學生人數亦應縮減，以減輕教師負擔。教改會解任之後，教育部即提出降低國民中小學班級學生人數計畫，以回應民間教育改革理念，1998 年起，政府將為期十年運用三百五十億元教育經費執行「國民中小學降低班級學生人數計畫」（小班）。不解的是，執行小班政策才四年多，政府卻又要將「小班」予以裁併，讓更多小型學校不存在，要讓九年一貫課程執行，此種教育改革政策矛盾，教育部應深思。這真是換了位置，換了腦袋。過去政

府要達成小班小校的目標,讓學生學習更為順暢、教師教學減輕負擔、學校行政人員順利運行教育行政工作,無奈教育部又要走回頭路,將小班及小型學校予以裁併,令人不解。此舉無疑對現行教育政策潑一桶冷水,帶來更多大班大校問題與未來不確定性。

其次,政府說要讓教育更有特色,但是小校為偏遠地區精神特色,為何又要裁併?88學年度全國國民中小學共有二千五百八十三所學校,規模六班以下的有八百五十所,約占總數的三分之一。這些學校大部分位於偏遠的花東、澎湖及離島地區的鄉村。很多學校建校與當地居民共榮共存,是居民及學生精神支柱,也是當地文化標竿,如果為了減少教育經費及人事經費,以便實施九年一貫課程政策,犧牲這些學校,將學校裁併,無疑是教育政策走了回頭路。在「小班小校」裁併之後,鄉村中無學校精神標竿,學生對鄉土認同將更有嚴重危機。如果僅以小型學校的教育成本過高為考量更不妥。教育投資目的在讓學生獲得更多學習效益,如果此目標達成,偏遠地區的小班小校之學校就達成教育目標,又何來將學校整併?

第三,國民教育應質量提升。提高國民教育,九年一貫課程及小班都是極為重要的教育政策。九年一貫課程從學生學習內容著手,讓學生在心靈及學習內容上改善;小班主要在減輕學生的學習壓力、教師教學負擔、學校行政僵化的問題。而裁併小型學校來縮減教育經費,並無法改進教育質量。如果犧牲小校,促成九年一貫課程執行,無疑是教育部在教改政策上缺乏整合及完整思考。試想:如果大班大校存在,學生的學習內容雖有改變,但無法讓學生及教師教學順暢,也無法達到九年一貫課程目的。若九年一貫課程執行,沒有小班小校配合,也無法讓教師的教學負擔減少,教育行政的運作順暢。簡言之,教育政策如背道而馳,因課程統整,讓小班小校受到衝擊,也是不好的教育政策。

　　最後，偏遠地區教育問題多，但政府並不重視，只有看到有利的選票及有利的政見在呼口號。偏遠地區小型或小班學校，一者因位居偏遠，好教師不容易進入學校教學，教師流動率非常高；再者偏遠地區的學生家長都是弱勢族群，例如隔代教養率偏高、人口外流嚴重、教育資源較都會區少。正因為學校、學生，以及地區處於弱勢，政府更應讓學生在完整的教學及學校環境下學習。據了解，花東地區的小型學校，已有學校以交通車接送不同鄉里的學生，聚集在大型學校上課，這種整併方式對學生完整學習、鄉里認同及學校了解不甚理想，是整併的大問題。

　　總之，小型學校整併，衍生出教師、校長、教育行政人員何去何從？二校如何整併？被整併後，所遺留下的學校將如何處理？如何化解被整併學校之後，鄉里間的居民、家長、師生及行政人員的心理調適？當局對教育政策應慎思，尤其應對教育改革政策有系統地統整、前瞻、延續及全面思考，否則教育政策矛盾，將影響學生學習及教育政策執行。

肆、正確的編班方式

　　2005 年 2 月教育部在全國教育局長會議提出，由縣市教育局統一辦理國中編班作業，並提出「國民中小學常態編班及分組學習準則」，供未來執行常態編班政策參考。教育部打算要求縣市教育局統一對全縣市國民中學進行常態編班。這方式有很多爭議。

　　能力編班與常態編班優劣為人所爭議。能力編班是將學生能力高低、性向、興趣、人格特性，乃至於學業成就的高低進行分班，這有益於教師掌握教學進度及學生相互的學習。在同質編班下，較

好處理班上的行為及心理相關問題。易言之，能力編班更可掌握學生個別差異及學習進度。因為如果能力差異過大編在一起，可能會影響能力高者的學習進度及學習意願。顯然，能力編班對學校、學生及教師，乃至家長並無不妥。只是能力編班會有標籤效應，將會產生「比馬龍效應」，這對學生在校適應、學生人格養成及未來學習會有負向影響。因此，就有支持者認為學校應常態編班。但常態編班又有很多問題，例如班級中的學生差異過大、教師無法掌握學生學習差異、能力低者影響能力高者的學習進度及深度，同時家長無法接受常態分班事實等。然而，教育部統一由縣市進行的編班政策有很多問題。

第一，教育部管得太多了。學校編班的方式應由學校特色、學校行政、學生人數、學生能力、學生特色，乃至於社區特色，例如人口結構以及社區的社經結構等因素來決定，讓學校自主性進行編班，不宜由教育部或縣市政府進行統一編班，也就是說，編班應授權由學校自行處理，教育行政機構只要盡監督責任就已足夠，並不需要越俎代庖。因為教育局如果真的要進行學校統一編班，將涉及到各個學校無法自主運作、學校本位管理的方式會被打破、各個學校特色無法發揮，以及教育局將流於太過集權等問題。易言之，如果教育主管機關過於集權、統一、規格化及標準化，對學校自主發展將不利。

其次，S 型或是電腦式抽樣的常態編班應有其限制，否則過去一年來國內僅有高雄市、苗栗縣、彰化縣、高雄縣及澎湖縣等五個縣市採行由縣市政府統一編班，其他二十個縣市則循傳統由學校自行編班。易言之，在二十五個縣市中僅有五分之一者可達成教育部所提議的方式，多數縣市無法達成。這更表示教育部的政策是無法讓多數縣市真正執行，否則過去幾年來，教育部一再倡導，為何僅

有五個縣市執行呢？易言之，教育部應考量各縣市差異、學校接受程度、家長意見，乃至於編班政策可行性與效益性，否則此教育政策僅能束之高閣，而無法兌現，甚至對國中生學習更是損害。

第三，與其教育部一再強調要常態編班，倒不如授權讓學校自行編班，此外，更重要的是，要求各個學校以能力分組教學來進行，因為常態編班與能力編班都有它的限制，因此如果各校在自主、自由的編班之下，依不同學生的能力、性向、科別、興趣及學業成就差異進行能力分組，這更能照顧程度較差的後半部學生，也更能協助能力較強的前半部學生，有更廣的學習及更深入的學習，易言之，這兩族群學生都可接受補救教學及深入學習，更能體現因材施教的教育理念。

最後，學校如有重點發展班級應發揮其特色，不應統一編班，例如資優班、美術班、音樂班、舞蹈班、藝術班應依特殊教育法規定，不列入統一編班對象。同時目前編班問題來自升學風氣以及學校教育目標過於以升學率為導向，也就是說，學校教育目標如能多元化、學校有更多資源教室及各式各樣學習空間、打破家長升學主義迷思，國中如何編班將不是重點，也不會有人質疑編班方式。

總之，教育部要讓縣市教育局統一進行常態編班尚欠妥當，主要是學校編班是學校業務，不能因為學校編班出問題，就轉移給教育局統一辦理。如果教育部及教育局過度干預，對學校發展將不利。易言之，學校自主的事項應由學校負責，如果教育部或教育局主導過當，就違反教育基本法對教育行政中立原則的規範。

伍、正視教科書問題

教育部於 2004 年 2 月爆發國小教科書印刷成本圖利廠商達一億多元舞弊案。此顯示國中小教科書在開放民間營運後有更多問題。一方面是爆發教育部官員舞弊，一方面是書商在開放教科書後，可賺取龐大教科書費。怎麼說呢？

自 85 學年起，中小學教科書開放民間編印後，國立編譯館所審訂教科書均不核價，書價任由書商訂定。在教育部與教科書商之間並未釐清教科書開放的意義下，教育部並未能做好教科書的核價工作。教科書商可自訂價格，如此對中小學生的受教權益將有所損害。

就在大家都認為教科書開放的同時，教育部認為教科書不核價可以真正落實「開放教科書」意義，讓教科書呈現一自由競爭市場，讓消費者（學生）及教科書商的供給者呈現平衡的機制。教育部並指出教科書核價不易，因以現行核價法與教科書所用法規不符。以目前中等學校及國民小學教科圖書儀器教具審訂規則第八條規定辦理，與現行核價法不同，教育部因此推諉，並信誓旦旦指出此舉可符合出版商的「願望」。

在教育部不對教科書核價下，對縣市政府是一大考驗。縣市政府對教科書處理則有不同方式，有些縣市運用其他教育經費購買教科書提供學生使用，如教育部在整建國中小學教育設施計畫中有一項是由中央部分負擔教科書免費，不過這也只是一小部分補助而已。有些縣市則讓學生自行購買負擔教科書費用。不管是地方政府或學生個人支付購買教科書，都違反憲法及國民教育法對義務教育

免費的規定。

　　以 85 學年一學期部編審訂本一年級五科需三百四十元，2005
年書商說「紙張成本高漲」、「工人不易聘請」，更已調高費用。
三百四十元對學生負擔也許可接受，但這與憲法中所規定義務教
育、國民教育應該免費且供給書籍相違。

　　教育部不實施核價，實肥了書商，同時也打算仿效過去官方占
有整個市場的局面，如此不但喪失政府在國民教育的重要角色，也
讓教科書市場呈現更多問題。義務教育既是免費教育，學生又得讓
書商自行宰割，有違政府角色。尤以地方政府國民教育經費沈重負
擔，縣市又得不當挪用教育經費購買教科書，對地方政府教育經費
運用是一大傷害。

　　當然教育部以教科書核價不易為推諉之辭，與所謂落實教科書
開放意義更是兩碼子事，一者在沒有人監督出版商教科書的價格
下，學生及家長權益已遭到嚴重損害，教育部不聞不問，並以法源
不足未能提出因應，無法苟同。再者所謂開放教科書，並不意味著
教科書核價制度要開放，如此「符合出版商願望」，似有開倒車的
嫌疑，並不妥當。

　　教育部表示 90 學年要推動九年一貫課程，實施英語教學。新
式課程確定後，必有新的教科書編寫。88 學年度更要開放高中教科
書。在民間編印後，若無法建立教科書核價制度，必產生書商宰割
學生書費之問題。教育部應有以下的作法：

　　首先，應保障學生權益。當局應做好教科書核價的措施，保障
學生的權益。國民中小學本來就是一項義務教育及國民教育，憲法
更有保障學生的受教權益。教育部不應讓學生在開放教科書由民間
編印之後，竟讓教科書的書價給開放了，這對於學生及家長的負擔
會無形加大。

　　其次，教科書應有核價的規範。教科書的核價應該有其法定的程序及標準，教育部應訂定一套規範。教科書也是一種商品，商品的交易不能違反公平交易原則。因此教育部應就現行的中等學校及國民小學教科圖書儀器教具審訂規則辦理，教育部也承認此與現行的公平交易法不符。教育部不可因與公平交易法不符就不辦理核價，相對的教育部更應主動、積極的訂出明確的規範，讓教科書商有辦法可循，不再模糊教科書開放的意義。

　　第三，地方政府如何因應教科書經費？對於縣市或中央的教育經費運用於購買國民中小學教科書一節中，政府應以固定的教育經費作為購買學生教科書之用，而不是以相關的計畫或相關的教育政策業務的經費，挪用為購買教科書經費，如此不但可建立教育經費購買教科書制度，而且也可除去外界對教育部挪用教育經費的疑慮。

　　第四，回饋教師。在教科書開放後，教科書商可以擁有相當大的教科書市場，就如每年的中小學學生人數約有四百萬人，每名學生的購買教科書數量並不只是一本而已。基於對學生及社會和教科書商互惠的前提下，教科書商該將營運所得回饋給學生，也就是說，教科書商應該給學生或教師或學校充足的教具或相關的設備，以做好雙贏互惠的角色。

　　既然教科書議價問題嚴重，當局、社會各界、學生與家長無法合理解決教科書問題，不如將教科書調整為免費回收制。

　　教科書制度有政府免費提供制（如日本與加拿大）與自行購買制（目前的台灣）。免費提供制是政府出錢購買教科書給學生，學生用完後歸還。也就是建議教育當局可仿照加拿大的國民中小學的教科書制度；加國免費提供教科書給學生使用，學生在每天用完教科書之後，老師都要求將教科書收回放置在班級教室之中，隔天上課教師再將教科書發給學生使用。使用方式是讓每本教科書編號，

學生給一個號碼，以號碼取用教科書。每位學生都會珍惜及愛護該本教科書，因為它還要傳給下一個年級或下下一個年級學生使用。

這種教科書發行制度，不僅讓資源可回收再運用，也讓學生培養公德心，因為使用後的教科書會提供給下年度的學生使用，如果未能保持教科書清潔，下年級學生會知道上一位使用者（因為有編號），他們可要求老師對該名學生提出警告。這種模式及教育方式讓學生更加珍惜教科書。

看到國人每年大筆錢購買教科書，並任由書商宰割；教育當局又束手無策，何妨以加國方式發行教科書，一方面讓學生了解教科書是重要資源，同時也培養公德心，當然更可減少學生家長與政府的教育經費負擔。

總之，教育部不實施教科書核價，不僅對地方政府國教經費造成負擔，更讓學生權益受損。在每學期都會面臨教科書問題下，難道每年都要讓學生權益受損嗎？當然有一套完整教科書運用制度，可防止官商舞弊情形，教育主管機關應審慎為之。

陸、校長之死暴露的問題

2004 年 11 月，國小校長受到民代壓力，因而上吊身亡，同時間國小校長在縣議會受到議員推倒，各界因而開始重視校長的角色。當下有評論者認為惡質民意代表對校園政治角力干預；有的以為學校校長遴選制度缺失，因為校長是任期制，非終身制，所以有政治力介入校長人事；有的更以為近年地方教育權限下放不當與濫用所致，也就是不管是地方民意代表、家長，甚至校長對教育權運用誤解；更有些是認為校長為個人生涯考量，產生「政治校長」，

所以「情願」被關說、請託，當然校長被干預的問題其來有自。

這些問題導因於校長遴選制度不良與社會環境關說文化使然。就前者來說，國民教育法規定，現行國中小校長選用是由縣府教育行政單位、專家學者、教師會與家長會代表共同組成。中小學校長的遴選是教育局以階段式遴選，除了徵詢學校、家長意見之外，最後才由教育局決定。候選校長為了要被青睞，所以要八面玲瓏、能歌善舞，與家長、民代、教育局官員進行應酬交際是難免。因為需要額外交際，所以就有利益交換、拉近人脈關係，以獲得被選為校長的可能。因此，校長與教育局與行政代表掛鉤，這些人員是遴選委員，具有決定校長人選權，也就可能成為校長候選人的「共犯結構」。其實這種現象是存在教育體制的。

就後者來說，民代施壓、政治力、包學校工程都可能造成校長壓力，其實這僅是冰山一角，過去與現在都是如此。但難道僅是民代責任？還是問題癥結除遴選制度、民代政治力之外，更重要的是學校校長本身、家長民主意識高漲與社會文化中強調拉關係、見面三分情、搞勢力與建立派系所致。也就是說，造成惡質問題不僅是民代產生，更可能是校長、教育局、家長及社會不當的「關說循環」文化所形成的結果。因為校長給民代回扣機會，當然民代與行政人員也會給校長有被再選上的可能。

如果都把問題的責任推給民代，讓他們成為代罪羔羊也不對，重點在於各界對地方教育權下放的誤解。例如自 1996 年教評會設置辦法下放各校自聘教師之後，國民中小學教師遴聘以學校為單位，很多學校傳出內定說、請託說、與校長有關係才被錄取說、會送教評會員禮物者錄取機會高者之說，已在社會甚囂塵上。過去幾年確實產生真實事件，遭到檢舉者不在少數。

必須指出的是，在 1996 年之後試辦教評會幾年中，校長擁有

大權造成聘選不公、關說、請託已遭人非議，至今才會轉由教育局統一試辦甄選，最後才由「學校教評會橡皮圖章式的認可」的作業方式，否則依過去甄選也是好方式。易言之，校長聘用與親屬有關人士擔任教師案例並非全無，而且亦不少。所以，近日呼籲民代走出校園當屬應該，但更應掌握是否問題校長、政治校長、作秀校長、公關校長也應走出校園？否則，學校良性文化豈會建立？易言之，當在檢討民代如何以惡質政治文化影響校園的同時，更應好好反省學校體制內是否有相同問題。否則全國教師會表示，自 2003年教育部成立教師甄選查弊小組以來，至 2004 年 11 月接獲一百多件檢舉案，卻只有一件「查出屬實」。

當然，教育部一再的要讓地方教育權下放，但教育權下放，不僅是說說或宣示而已，也就是說，僅是宣示與立法說讓地方教育權下放，卻沒有做到監督與追蹤問題學校、問題校長、政治力干預學校的責任，更重要的是沒有建立學校校長法規範，因而造成校長為所欲為的可能。這很明顯的是教育當局對於校長角色、權利、義務，乃至於相關地位的認定不清，才會有現今校長問題產生。

在死了一位校長之後，更應思考這些問題產生的原因何在。有哪些是教育體制的問題、哪些是因人而起的問題、哪些是社會文化與政治交錯所產生的問題。因為「學校是社會的縮影」，如單方面歸因民代，或單方面說是惡質政治力干預，對整體學校文化建立並無助益。因為良好學校經營發展，除了社會、政治因素之外，更重要的是教育體制運作是否正當，以及教育人員的良心。因為社會存有惡質民代、惡質家長，校園中也當存有政治校長、關說校長，不是嗎？

柒、家長會的正向思考

2004 年 10 月教育部要將家長參與校務法制化，因而家長或家長會參與學校校務引起各界重視。家長參與學校校務有很多優點，一是讓家長了解學校運作。二是讓家長了解子弟在學校表現。三是學校可以與社區結合，並讓社區特色與學校結合。四是家長更能了解學校的運作及學校的發展。五是家長參與學校可以投入更多的教育資源，活絡整體的學校表現。

然而，家長如果過度參與學校校務也有幾種不良發展。第一，受到家長參與校務影響，因而在人事運用、教評會甄選老師上，干擾學校發展。第二，如果有政治角力存在，例如為了聘選校長及購買相關學校器材，受到有力家長綁樁，因而影響學校發展。第三，家長過度參與讓學校有污名化效果，即除了家長干預學校運作之外，更可能讓學校發展及學生學習有不良問題產生。學校會聽命有力人士意見，產生地下校長，因而對學校及學生需求無法重視，也就是說對學生學習產生負向影響。

為何會有這些負面原因呢？說明如下，一者家長對學校家長會認知不同，視學校家長會為募款單位，有些家長會成員只在乎學校家長會頭銜，這些傳統負面刻板印象，影響許多家長參與學校家長會意願。一般家長不清楚學校家長會做些什麼，因此，如果家長參與校務要能建立，建議各校家長會應以行銷策略運用家長參與學校各項活動、發行家長會書面刊物、建構學校家長會網站等方式，隨時將學校家長會活動、工作項目、具體績效告知全校家長，讓學校家長會的資訊與成果分享給全校家長，爭取更多家長認同，凝聚更

多家長參與。

　　另外，研究發現，家長對家長會功能認知與參與學校校務意願具有高度相關[註2]，即家長對家長會功能認知程度愈高，其參與學校校務意願愈高。有鑑於此，建議地方教育當局，每學期除了定期召開學校家長會工作研討，表示教育局的重視與支持外，更應邀請對學校家長會運作學有專精學者，闡述學校家長會定位及所應扮演、支持、協助、督促、評鑑與服務功能，澄清學校家長會的真正任務與權責範圍，並安排表現優異的學校家長會，將其運作實例提供各校家長會分享學習，以達見賢思齊之效。這種提供家長有正確的參與校務，加上促成區域性家長會組織成立，有助於家長參與校務。

　　當然，為避免家長參與校務的過度表現，教育主管機關宜邀請學有專精的學者、學校行政人員、教師會與家長會等代表組成編輯小組，編訂學校家長會工作手冊，將學校家長會的宗旨、任務、功能、組織方式、會議召開時間及程序、運作規範、各項組織的任務以及會長、副會長、秘書等幹部的職責與權限，分別說明釐清，彙編成冊。分發各校家長會提供可行運作模式，以利家長會會務傳承，使異質性很高的學校家長會成員減少摸索會務時間，能夠很迅速進入狀況。這有益家長參與學校校務。

　　最後，各界應掌握家長會、家長參與校務認知。因為學校家長會功能已從單一經費支援者轉變為多元的人力支援者、精神支持者、親師溝通者、教育監督者及家長服務者，對學校校務發展的影響愈來愈大，其督促學校辦學、參與行政決定、支援學校活動、充

註 2：見張芳全指導，黃佳玲（2004）。家長對家長會功能認知及參與
　　　校務意願之調查研究──以桃園市國小低年級為例。國立台北師
　　　範學院幼兒教育學系碩士班碩士論文（未出版）。

實學校資源及提供家長服務的積極功能，確實成為學校校務發展的動力。所以建議學校應有尊重、接納的心胸，正視學校家長會所發揮的積極功能，以增進學校效能，提高學生學習效果。這讓學校及家長會運作有雙贏效果。

　　總之，過去對於家長參與校務都傾向於家長對學校的經費協助，然而目前的家長參與校務，確是有多方面的效果。為了產生這些正向效果，並避免負面效應，學校及教育當局應加強宣導家長會的重要性與功能，只有在家長全面了解家長會的權利與義務，以及明瞭家長會究竟應發揮什麼樣的功能，家長才有可能踴躍參與。也就是說，教育當局及學校應運用各種管道讓家長了解，究竟家長會除了捐錢、政治角力以及購買學校用品之外，家長或家長會還可以做哪些對學校有益的事？如果以這方面思考，家長參與校務當會是一件美事。

捌、校務評鑑的新思考

　　每年的 3、4 月，很多縣市教育局都進行國民中小學校務評鑑工作。因為校務評鑑對於學校發展、學校運作績效以及檢視學校發展的問題具有相當大的作用，因此評鑑的執行有其功用存在。然而在評鑑的過程中，如果操作不當，也將產生學校、教育行政機關、家長及師生衝突，所以為避免不必要的困擾，作者以參與評鑑工作的經驗，提出建議供參考。

　　一般說來，校務評鑑包括校內自評與教育局聘請專家學者訪評。自評很容易產生報喜不報憂的現象，因此學校自評工作應讓全體師生與家長共同參與，經由學校各方意見表達及整理，來反映出

學校問題可能會較適當，而不是僅由學校幾位行政人員進行表報，填寫或做表面工夫。至於校外人士訪評應掌握幾個重點。第一，訪評人員應公正客觀，且參與人員應在各方面具有代表性為宜，不宜由少數人或不具有代表性者參與。第二，評鑑過程在時間安排上，如果可以有更長時間的話，不應僅有一天評鑑，因為它可能僅是走馬看花，校務評鑑應有更多時間來訪評學校發展，這才客觀。這方面應包括學校對校務發展、學校概況、學生問題提出，乃至教師能表達他們的心聲。為了讓師生或家長表達心聲，讓他們在一個安全無虞的空間下受訪是必須的，如此才能讓他們指出學校真正發展的問題，而不會受到學校行政壓力不敢指出學校問題。也就是說，如果訪評時間允許，應加長時間、增加受訪人員，如此才更可讓訪評委員更了解學校的發展概況。

在評鑑中不外有幾項評鑑指標。這方面指標應以量化指標為優先，也就是可讓學校發展運用數量方式呈現出來，讓訪評者一目了然，掌握學校發展及相關問題。在量化評鑑指標上應讓每項目條列清楚，不可以模糊不清或主觀，否則會讓評鑑者沒有標準參照。當然評鑑指標應有質性指標，這方面應透過訪評者對師生與家長互動之中來掌握。同時質性指標在輔助量化指標不足，因此質性指標不宜過多，此外如果要讓質性指標更符合評鑑的需求，此時應該由多位訪評者對同一項問題進行評鑑或訪談，接著來討論受訪者在答案上的一致性，透過這樣的討論，質性指標評鑑才可發揮效應。

建立訪評表格及評鑑標準也不可或缺。因為評鑑不是在走馬看花，評鑑重點在於改善，而不在於證明。因此，事先需要有明確評鑑表格，表格建立之外，更重要的是建立各種評鑑項目的評鑑標準。也就是說，目前各校評鑑標準並沒有一致性，有各自表述的現象，即沒有共同標準。因此訪評者如沒有評鑑標準，將造成評鑑者

對同一項目有不同的評鑑現象。當然學校在校外人士來評鑑之前，應提供評鑑手冊，此手冊內容應包含學校歷史、沿革、簡介、學校規模、人員編制及家長社經背景等校務概況，以及評鑑的標準及評鑑表格等。

此外，評鑑過程不僅要有書面資料檢視，評鑑人員更應到現場掌握學校的發展、學生的學習、教師的教學，同時更重要的是應邀請社區人士、學生及學校老師、行政人員共同參與討論或對談，透過面對面討論溝通，可以彌補資料或書面不足。更重要的是，可以經由雙向的溝通將評鑑的理念傳達給學校相關人士，以作為日後評鑑的參考。也就是說，評鑑資料蒐集以晤談、實地觀察為主，書面資料陳述為輔。另外，評核結果應以書面陳述優缺點，並通知受評學校，以作為校務發展之依據。

最後，很多縣市學校校務評鑑目的是與校長遴選有關。校務評鑑目的在掌握學校發展狀況，學校有哪些問題需要改善，而不一定要將校長遴選與校務評鑑掛鉤。因為如與校長遴選掛在一起，可能校長在這一年評鑑才會有更多努力，其他年度則不會重視學校發展。當然，校務評鑑是針對學校全方位的檢視，如果僅以校長個人遴選可能又過於狹隘。這是吾人應該釐清且應掌握的，否則就失去了評鑑的真正目的。

玖、校長遴選與校務評鑑掛鉤迷思

每年各縣市政府教育局都在遴選國民中小學校長，在這遴選過程中，常有一個現象產生，就是將校務評鑑與校長遴選掛鉤，這問題值得省思，也就是將校長遴選與校務評鑑混為一談，可能無法選

出好的校長，何故呢？

　　自 1999 年國民教育法修正之後，國民中小學校長改為遴選制，不再由官方分派。因此各縣市為校長遴選建立不成文規定，即凡要校長遴選的學校都要進行例行性校務評鑑。尤其已擔任一任校長若要連任，更應進行該校校務評鑑，以作為下一任遴選參考。在不成文前提下，此制度行之多年，而這「制度」實隱含幾種問題與迷思。

　　第一項迷思是兩項工作性質的不同，但教育當局卻混為一談。校務評鑑主要針對學校整體發展進行評鑑。而校長遴選僅是校務評鑑一部分。前者包括學校行政、教務、學務、總務、學生、教師、學校與社區、學校未來發展、學校過去問題及現有問題檢討。也就是說，它應是對學校做全方位檢視，以學校立場及學生立場進行評鑑，其目的在掌握目前學校究竟有哪些問題？老師教學是否獲得重視？家長會是否支持學校運作？學校與社區是否在資源上有整合的運用？學生的學習有哪些問題？學校行政對於未來學校發展是否提出因應？學校未來可能發生的問題有哪些？以及學校在近年來有哪些重要績效？此種評鑑，以教育行政機關立場是在提高學校資源運用，並掌握學校發展方向；以學校立場是在整合各方資源，讓學校運作更為有效。同時學校與行政機關在校務發展問題上可共同提出合理解決方向。也就是說，讓學校了解學校發展問題、學校近年來有哪些績效、有哪些應與社區配合。它主要在檢討學校問題及未來發展，所以行政機關與學校都在掌握學校校務發展。

　　然而，就校長遴選而言，它是針對該位校長的候選人是否可擔任某一所學校校長所進行的評估，易言之，「校長評鑑」應包括學校校長人格特質、校長領導方式、校長與社區公共關係、校長與師生互動、校長魅力，以及校長應如何帶領學校使其有更好的發展。這方面評鑑包括校長個人的屬性（愛心、耐心、用心、努力程度）、

校長理念、校長對校務的掌握、校長對資源分配的觀念、校長能否掌握更多資源，並讓資源充分使用、校長的社區公共關係，以及如何提高學生學習效率與學生安全等。也就是，校長遴選應著重校長人格特質、行政歷練、行政溝通與社區關係等。因此校務評鑑與校長遴選的掛鉤應釐清。

第二項迷思是校務評鑑為全校事務，而校長遴選為個人生涯發展，個人不等於學校總和。雖然校長經營學校，評鑑其績效也可掌握校長在校務的表現，但這無法被學校師生及行政人員所接受。也就是說，校長遴選與校務評鑑雖有共同面向，但應深入掌握其不同向度。易言之，如果將校務評鑑視為校長遴選工具或校長異動指標，會有反效果。一者將校務評鑑視為校長更動、改選或連任參考，將增加學校老師對校長疏離、冷漠、不配合與表面服從的心態，在此種前提下，學校行政人員與教師並不會支持校務評鑑，因為老師會認定這是校長個人異動事，並非學校整體發展業務，老師為何要參與？再者若二者掛鉤，校務評鑑作假情形將提高，校務評鑑將成為校長在文件及對評鑑委員美言或請託方式。換言之，現任校長在評鑑表報有更多作業，要求下屬配合，但部屬並不一定配合與支持，因而失去校務評鑑在掌握學校真實發展的意義與價值。

第三項迷思是校務評鑑時間短暫，無法完整掌握校長的人格特質或校務發展內容，所以在短時間內要決定校長是否適任或校務評鑑的好壞將有問題。因為以短短一天進行的校務評鑑就要作為校長遴選參考，可能太過武斷。校長遴選應是由全校師生共同的認識校長人格特質、期望將學校帶往何方發展、能帶給學校多少發展、能提供給學生更多的學習方式與學習效率，以及能讓校長的理念經由學校行政中發揮出來，以支持老師教學，這才是選出好校長的方式。所以單憑校務評鑑的結果就論斷校長遴選，實過於危險。

　　總之，各縣市以學校校務評鑑作為校長遴選的重要指標，其效果如何實有待評估。希望不要將校務評鑑與校長遴選畫上等號，因為這對學校經營發展是不當的。

拾、學校販售品問題

　　2005 年 4 月有兩則有關學校教育現象新聞值得注意。一是教育部表示，未來中小學內只能販售純果（蔬菜）汁、鮮乳、保久乳、豆漿、優酪乳、包裝飲用水和礦泉水等七種飲料，這宣示值得學校及家長重視。二是桃園縣光啟高中因為學校校長對於三名學生因制服不整而打耳光，造成學生是否該穿制服的爭議。針對這兩個現象提出看法。

　　首先，過去學校福利社販售的飲食並未有嚴謹的規範，因而造成幾種現象與問題。第一，福利社所售用品有衛生上的問題。第二，學生飲用之後造成健康損害，影響學生學習。第三，因為學校沒有規範造成學生飲食不當，因而有過度飲用不當食物，而影響學生飲食習慣。最後，因為過去當局並未重視學生的飲食狀況，反而導致學生在零用金的誤用及濫用，也就是說，學生可能會因為要吃垃圾食品，因而向家長要求更多的零用錢。總之，過去學校福利社提供飲食及用品未能有效的規範，因而造成學生在健康、飲食有不當之處，是值得反省。對此，教育當局如有心重視學生飲食情況，應有幾項規範。第一，學校應遵守教育當局規定，對學生食用的零食與食材，應取得台灣優良農產品 CAS（Chinese Agricultural Standards）認證及優良食品製造規範 GMP（Good Manufacturing Practice）標準才可以販售，這樣可讓學生飲食受到保障。第二，除了前述販

售商品規範之外，對學生中午餐盒營養及衛生亦應重視。也就是說，時下有很多午餐餐盒的菜色與營養程度，並未依據學生需求的營養程度進行配置，因而學生每天必須接受過多不必要的餐飲，導致更不健康。第三，既然教育當局對學校福利社的要求已訂出標準，教育當局應在不固定時間，對於中小學校販售的食品進行抽測，同時對不合格的學校應提出罰則，讓學校更能符合教育當局要求，並維護學生健康。

對於學生是否穿制服，以身為國中老師而言，穿制服也有它的效用。例如它可以讓學校在管理時更為方便，同學每天要上課時比較不會有打扮上的困擾。因為青少年學生對於外表的打扮非常重視，他們希望同學對他的外表有更多的重視，並且在外貌上能取得同學的欣賞。更重要的是，時下學生常有拜金主義、崇拜名流，為了使外表光鮮亮麗，因而在穿著上會花較多時間，因此可能對於正課會有忽視效應存在。所以對於是否穿制服，筆者認為學校應有固定的時間讓學生穿著制服，這不但對於學校文化建立以及學生的學習上有正向效果，同時也可以讓學生在打扮上減少時間。然而在規定穿制服的前提下，學校如果要讓學生更有創意，同時讓學生認為學校可以接受開放社會的轉變，學校可以在每週開放一至兩天的時間讓學生自由打扮，這或許可以讓學生在這方面的需求獲得滿足。易言之，學校平時如能偶爾開放穿便服上學，不但學生有朝氣，校園也更多采多姿。這也是很好的想法。

總之，中小學教育現象值得社會各界重視，因為學校是社會縮影，學校有何種現象及問題，社會就會有相同的現象及問題產生，社會各界應重視這些學校的問題，下一代的教育環境才可以更美好。

拾壹、零體罰的校園

　　台北市教師會 2005 年 6 月 25 日公布學校體罰問題，該調查指出，中小學約有 76% 教師及 64% 家長，不支持教育部及台北市教育局宣示「零體罰」，超過 80% 教師及家長認為台灣教育需要建立明確管教學生的程序。家長、教師與教育當局在體罰意見上相反。這是值得思考的問題。

　　照理來說，教育當局、老師及家長都應不支持體罰，但老師與家長卻反而支持。在實際上，老師體罰遭家長反控，這是常有的事。但為何家長對老師處罰學生「既期待又怕受傷害」呢？而老師明明也知道當局政策，且也了解可能會遭家長反控，並丟掉飯碗，為何還要支持體罰？為何會形成此種價值錯亂？

　　其實，這種對體罰「愛恨情仇的糾葛」有幾個關鍵因素。一是老師覺得體罰學生較易立竿見影；二是確實有很多學生「不打不成器」、「省了教鞭，便宜了學生」；三是有很多「明星國中」為了升學率、為了招收更多學生，以錯幾分打幾下的體罰來提高升學率；四是「明理的家長」也知道子弟未來升學率很重要，所以請老師多多「管教」也是事實；五是學校對體罰往往是睜一隻眼閉一隻眼，如果「體罰事件沒有演變成新聞事件」，學校為了升學率、為了好管教學生，體罰是可以被接受的，因為他們早已養成對體罰議題的處理是「上有政策，下有對策」。所以，不管是學校、部分的老師或家長都可以接受體罰，只是這種僅可做、不可說的政策要想根絕，並不容易，從此次問卷調查中所得到的問題可看出端倪。

　　當前師生關係及校園倫理不如往昔受重視，學生不再對教師尊

重景仰。傳統社會價值觀，師生間情感都有一日為師終身為父的觀念，老師如何的打、罵或修理學生，家長及學生都會覺得是「學生自己的不對」，但當今社會已鮮少見到如此的現象。尤其校園頻傳學生打老師、老師責難學生，學生可能對老師怒目相向。此種事件在當前校園已屢見不鮮。

　　教育部為釐清教師管教與輔導學生之間的關係，曾在 1997 年頒布「教師輔導與管教學生辦法」，規範中等以下學校教師應如何管教學生。它宣示教師管教學生在違規行為分成等級，即依情節輕重予以處分，在管教方面等級有給與口頭規勸、輔導、晤談、通知家長、移送訓導機關，必要時請家長帶回或移請司法機關管教。而在懲戒等級有警告、記過、假日輔導、留校察看、轉換班級或輔導改變學習環境、心理輔導、家長或監護人帶回管教、移送司法機關處理、退學（高中以上）、其他懲戒措施。這些措施就是沒有「體罰」。此外，學生不滿處分可提請申訴救濟。也就是說，教師或訓導人員不可以體罰學生。假若要體罰學生應有正當程序，如家長許可且是應為非報復性懲罰。

　　為打造一個零體罰的校園，也有幾個重要的教育理念應掌握：

　　首先，教育工作者應釐清管教權、懲戒及體罰之關係。教育人員應釐清管教權、懲戒及體罰之關係，避免因處理學生偏差行為而帶來不當的反教育效果。雖然管教權是教師在處理學生違規行為的自我保護權限，而懲戒則是教師在處理學生有不當行為的手段。體罰則是教師用某一種手段，與學生身體接觸，並使學生在過程中有身體不適或身心不悅的管教方式。三者中以管教權的範圍最大，其次為懲戒，再次為體罰。這是教師及學校應釐清的。具體來說，一般懲戒包括勸導改過、口頭糾正；取消參加課程表列以外活動；調整座位；增加額外的作業及工作；扣減學生的操行成績；道歉或寫

悔過書；責令賠償所損壞之公物或他人用品；其他懲戒措施。重大
違規事件之懲戒包括警告、記過、假日輔導、留校察看、轉換班級
或輔導改變學習環境、心理輔導、家長或監護人帶回管教、移送司
法機關處理、退學（高中以上）。

　　要指出的是，我國與美國對學生懲戒有所不同。美國對學生懲
戒重點在其正當程序，如學生可召開公聽會、對學生處分，若與學
生認知有差距，學生可聘請律師或針對處分內容做交叉辯論。然
而，台灣對學生處分都處於預防觀念，也就是學生犯錯，學生有正
當答辯的機會少之又少。因此教育工作者處理偏差行為常與學生及
家長認知有差距，因此產生不當的反作用。難怪學生在處分後常心
有不甘。此外美國對學生有不當行為可要求轉學，我國則否。雖然
轉學並非改變學生行為的最好方式，但換個環境也許可改變學生對
學校人事物的不同見解。

　　其次，學校及教師在管教學生應掌握學生的獎懲原則。管教學
生方式不僅是處分、警告、留校察看或令其退學之管教權或體罰的
消極防弊而已。對學生管教也應有獎勵方式，就如學生表現良好者
應給與獎勵。但如何獎勵學生，除了依校規辦理之外，更應掌握以
下原則：1.應公正客觀，所有學生一視同仁。2.獎懲標準應公開且
要清楚明確。3.獎懲應符合學生行為，避免產生認知差異。如給與
過多的獎勵使獎勵變成過於形式化，或處分過輕可能無法達到預期
效果。4.應與家長聯繫所要處分內容及標準。5.應與學生建立良好
關係，避免無法達到效果。6.獎勵最好在學生行為表現之後，以增
強其行為。處分應在學生錯誤行為之後，達到學生避免再犯過失。

　　最後，學校及教師應了解體罰的不良後果。教師管教若有體罰
學生念頭，教師應將此不當教育觀念拋在灰燼之中。因為管教學生
途徑很多，體罰是最不應該且不符合教育理念者。須知體罰會造成

以下的反教育效果：1.讓學生養成暴戾的性格。2.學生對於學校可能產生拒學與懼學的學習心理。3.學生的正確道德觀念可能會瓦解。4.學生可能會降低其他科目的學習興趣。5.造成學生的自尊心受損，也可能產生學生的身體傷害。6.可能產生反社會性格。因此，教育工作者在管教學生時應深思。

總之，教師如何管教學生是藝術，也是深奧的教育哲學，如何處理好學生行為，考驗著老師及教育當局。因此為避免反效果，學校及教師不宜體罰學生，而應以愛的教育、鼓勵多於處罰的教育來教學生，建立零體罰的學校環境確是我們所要的，不是嗎？

拾貳、小朋友，你快樂嗎？

每年兒童節都想了解，我們的孩童快樂嗎？依據兒童福利法規定，只要是十二歲以下學童都是兒童，照這年齡估算，全台約有三百五十萬名兒童。過去各界很少關心孩童，僅在 2004 年 11 月爆發邱小妹妹人球事件後，學童的人權、教育、安全、健康、社會環境才受關心。

時下孩童的生活是電動化、網路化、速食文化、高度風險化（被綁），而課業則是多元化、豐富化、國際化、英語化，因而形成多元壓力，生活在沒有深度的文化環境之中。而新一代家長面對新一代兒童問題，除了要高額投資化、過度保護化以及面對未來台灣的教育不確定化，造成家長不願多生育，因而形成少子化現象。所以，家長不快樂，孩童面對各種壓力也不快樂。

其實，每天翻開報紙就一定有虐童、孩童受傷、健康欠佳、被施暴、自殺、遭綁架、孩童安全、車禍意外、被當人球、吸毒、不

當被性交易等新聞，這都造成孩童不快樂。歸納孩童的不快樂有部分是家庭問題造成，例如家長分居、離婚、家長管教不一、親職教育失當導致孩童身心受創，因而成為社會問題。但有一部分是來自政府疏失所造成，例如日前邱小妹妹人球事件，就是政府對孩童安全、生活，乃至人權欠缺重視使然。而當然也有一部分是社會變遷導致社會價值觀改變，就如富有家庭孩童遭人綁票撕票，孩童因為好奇或家長吸毒，因而有樣學樣吸食毒品。這些問題除了落實家庭親職教育之外，更重要的是政府應提供合宜與健康環境給孩童，例如有更多休閒、圖書、閱讀、娛樂空間，尊重每位孩童個體及人權，否則孩童將會更不快樂。

當然，孩童不快樂的部分原因來自學校。一方面是在學校學童人數最多，另一方面是近年來教育當局實施九年一貫課程所帶來的學習壓力。新課程一綱多本，學生為了功課學習、不斷補習、過量學英文、不當學習才藝、學習鄉土教材，因為教材多，所以國小學生書包愈來愈重，孩童上學常拖著像菜籃大的書包。試問：此學習情境究竟是否真如教育當局所言「已教出可讓學生帶著走的知識」？還是因學生學習內容多樣及分量加重，無形中使學童學習壓力增加而造成他們不快樂？

其實，孩童不快樂現象可從幾項調查統計數字反映出來。例如：

第一，由學童健康情形來檢視。教育部於 2005 年 4 月 1 日公布台灣地區幼兒視力、營養及體能問題。就近視比率來說，四至五歲學童在 1994 年為 4.79%，而 2003 則增加為 11.36%；同期間，六至七歲學童近視比率各為 7.34% 與 18.9%，這可看出隨著學童年齡提高，近視比率也升高，也就是說，台灣的六、七歲學童，每五名就有一名近視。十年來學童近視比率呈倍數增加，顯示國內對視力保健缺乏重視。這樣高比率的近視反映出從小每天須戴眼鏡造成生活

不便，孩童還會快樂嗎？

第二，董氏基金會 2005 年 3 月 25 日調查全國七百四十二所幼稚園餐點，統計資料顯示約有 42%托兒所，一週十次點心中有超過五次以上是高油、高糖及高鹽點心，65%的幼稚園提供咖啡因食品。這些高熱量的食品充斥在幼兒園，小朋友食用之後，會產生副作用，還會快樂嗎？

第三，教育部 93 學年度針對全國幼稚園運動課程調查，發現雖有 88%施行運動遊戲課程，這顯示約有 12%機構沒有實施運動遊戲課程，這可理解學童運動量與運動知識不足，將使他們成為小胖弟（妹），更重要的是未能培養良好運動習慣與興趣，影響日後孩童健康。

第四，台北市社會局 2005 年 3 月 31 日公布全台北市二百零九所托兒所的評鑑結果，其中列為丙、丁等級者共有九十一所，占全市 43%。也就是每二所就有一所評鑑不合格。這真難想像，台北市為首善之區，教育資源豐富、家長教育觀念先進還有這現象，更遑論其他縣市的幼兒教育機構？我們的學童在這樣的環境下學習，還會有希望嗎？國家未來主人翁會快樂嗎？

總之，當前政府及社會各界應建構一個合宜且屬於兒童學習、成長及生活的環境，並教導他們如何保護自己，因為他們如果不快樂，家長還會快樂嗎？我們的國家還會快樂，會有希望嗎？

■ 本章討論問題

一、新台灣之子的教育問題有哪些？可否舉列出來？

二、您認為教育決策者該如何提供新台灣之子更好的學習環境？

三、貧窮孩童接受教育機會低，這是何種原因造成的？要如何解決？

四、裁併小校合理嗎？為什麼？

五、國民中學如何編班才是最好的方式？

六、國中小教科書的選購及運用，有哪些問題？

七、中小學校長如何與地方政治取得平衡關係？如果是您，要如何處理關說與請託的問題？

八、中小學家長會如何正常的運作？

九、如何做好校務評鑑？校務評鑑應與校長遴選掛鈎嗎？

十、零體罰的校園環境容易建立嗎？如何建立？為什麼？

第四章

師資培育與教師議題

壹、師培政策的隱憂

新的師資培育有一關卡是學生在修完學程或俗稱教育學分之後，須再接受教師資格檢定，通過考試者才可獲取教師資格。它是師資培育法修正的大變革。2002 年修正的師資培育法提出很多新師資培育方向，例如教育實習由一年改為半年、建立中小學師資培育合流制度、教育實習課程納入師資培育課程之一部分——將實習教師視為學生，不再視為「實習教師」；另外，實習津貼八千元完全刪除；同時過去師資培育只要實習一年就統統取得「合格教師證書」，但自 2003 年 8 月 1 日起，都需要在半年實習完後參加「教師資格檢定」，即全國考試。如持有國外學歷者已修習師資培育課程，亦有認定與抵修標準。最後，過去教育學程中心改制為「師資培育中心」。

前述師資培育政策確實有新面貌，但讓人憂喜參半。喜的是師資培育多元化後，教育部隨著環境變遷調整師培政策。憂的是，這些所謂新的師培政策，其實是另一種教育問題的開始，也是隱憂即將顯現。怎麼說呢？

首先，教育實習改為半年，減少學生實習時間。以半年時間實習究竟是第一或第二學期實習並無規範。未能一年實習並無法了解學校完整學年學生學習及學校運作。而學生實習半年非但沒有「生活津貼」（他們沒有「功勞」也有「苦勞」，沒有「苦勞」也有「疲勞」），且又要繳交四個學分費，讓學生學習成本增加。加上過去教育實習過程讓實習生猶如放牛吃草，真正指導實習生學習者少之又少，很多個案顯示讓實習生打掃辦公室、倒茶水、除草、打

雜，或替學校行政人員與指導老師做私人事（如照顧小孩）是習以為常，因為實習分數有一部分掌握在這些人手中，學生要不要畢業，實習生當然心知肚明。

其次，中小學合流培育看來好似對學生學習有益，可增加學生畢業後就業機會，但事實不然。一者目前國中教師已飽和，國小師資也無空缺。就以 2004 年師範校院公費生都仍有名額無法分發。如合流培育勢必增加中小學師資的畢業生人數，在就業機會處於僧多粥少的情況下，流浪教師問題將更形嚴重。再者合流培育之後，如學生要完成此學習，取得合格教師的職前資格，除大學在一百三十二個學分之外，更要增修至少五十個教育學分。一位大學生畢業前要修一百八十二個學分，對學習成本、時間、課業及品質，乃至壓力都將產生問題。因此究竟這對學生學習是好是壞，對國家未來的師資素質是好是壞，已昭然若揭。

第三，最可能引發爭議的是「教師資格檢定制度」，即以國家考試形態方式檢定教師。它的問題在於考科局限於教材教法、教育社會學、教學原理、教育心理學、教育政策與法令。這顯然會讓整個師資培育過程，導引成「考試領導教學」，即要教師甄試的科目變得一窩蜂修習而成為「顯學」，列為不考的選修科目則乏人問津，且學生學習態度必然下降。過去高中與大學聯考，不也是形成考試領導教學的問題。試問：在師資培育過程究竟是在培養一位思想健全、富愛心耐心與教育熱誠的教師，還是要培養出會考試、會背誦、僅會狹隘部分教育類科的教師呢？其實答案很簡單且明確，如果是後者，下一代師資素質真令人擔憂，不是嗎？教育主管機關難道不知道？

最後，過去的「教育學程中心」改為「師資培育中心」，問題更是一籮筐。先是過去編制僅要三位教授與相關條件即可成立，而

今的「師資培育中心」卻要五位專任教師。它無疑是教育部自打嘴巴。教育部口口聲聲說要總量管制、公立大學不增加員額，但卻要各校師資中心額外增加教師來成立該中心。再者，如以師範大學或師範學院而言，它們都已是道地的師資培育中心，又要在單位中增設一個「師資培育中心」，這豈不是疊床架屋、浪費國家資源？這樣的師資培育制度，是讓師資培育的學校更雪上加霜。

　　總之，新的師資培育法雖然有新面貌，但從其內涵來看教育實習、教師檢定考試、師資培育中心、學生學習心態，乃至於台灣未來的師資素質，都呈現新問題與隱憂，值得教育當局再省思這項新政策。

貳、流浪教師的問題背後

　　2005 年 6 月 12 日，近千名獲得教師證書的合格準老師遊行，對教育部提出嚴重抗議，他們主要訴求在於近年流浪教師過多、少子化、各縣市沒有教師缺額，甚至因前述因素造成老師超額問題。其實，在流浪老師問題背後，有幾個問題值得大家思考。

➡ 師資培育多元化是問題禍首？

　　1994 年師資培育法通過之後，各大學校院紛紛設立教育學程培養師資，造成 2005 年已有七十多所大學校院培養師資，影響所及，除了師範校院、政大教育學系培養師資之外，更重要的是，師資培養過多、師資素質下降，造成目前三萬名已取得合格老師資格的準老師無法在職場獲得教職。

　　師資培育多元化政策相當粗糙。一者當時對大學校院僅要專任教師三名，並有簡單圖書設備，就可設立教育學程培養中小學教師。二者，因為教育部逐年開放，卻沒有因開放而來評鑑這些開設教育學程的學校在師資、學生、圖書及相關教學績效上，是否達到一定標準，甚至評估這政策是否會衍生更多問題。所以接踵而來的是，各大學都覺得教育部沒有提出嚴格管控及監督，就變本加厲的開設，因此各大學教育學程培養出的師資素質愈來愈差。可理解的是，各大學教育學程因此吸引更多想當教職的學生得到一份教師證書加持，而該大學在原本系所之下，搭配教育學程設立，使學校獲得加分效果，能招收更多學生進入該校就讀。因為很多學生仍視教書為理想目標。當然學校當局認為「有利可圖」，可以招收更多學生，獲取校務基金，使學校經營多元化，這種「摸蜆兼洗褲」心態，使許多學校汲汲營營開設教育學程，來壯大學校經營的聲勢是各大學的策略，不足為奇。

　　易言之，從前述可看出政策面問題是政策決定過於草率，教育部並未逐年監督、評鑑與評估分析，加上學校將教育學程視為多面向經營護身符，也是學校經營與生財管道，所以師資過剩，其來有自。

➡ 少子化是增加流浪老師的幫手？

　　師資過剩除了是政策面問題，更重要的是少子化的直接影響。近年來國人中，女性生育率已降為兩名以下，間接而來的是學齡人口減少，此減少最直接產生的是學校老師超額及教育資源浪費問題。以前者來說，超額老師在自然減班下形成，影響所及並無法讓更多的新老師進入教職，所以老師會過剩與超額。當然，老師過剩

之後，接下來是學校教育資源如何充分運用，教育當局應思考。試想學校班級人數減少，所多出的教室、空間、教學設備、教學資源等如何充分使用，是在超額老師背後應思考的問題。

其實，當局早已知道少子化問題，各界更不能怪少子化問題，因為各國女性生育率下降是共同趨勢。修習教育學程者或是想當老師而進入師範校院的學生，面對這報導或事實早有認知，因為這資訊並非今日才有，過去已有此問題。然而，我們所關心的是少子化所引伸的師資過多與資源浪費。易言之，學齡人口減少，現有的老師就沒有班級可任教，因此面對老師超額究應如何處理的問題，當局並沒有提出合理解決。目前已有學校以抽籤來決定老師去留，但以抽籤來決定老師去留常會引發很多後遺症，所以要以教師分級制或教師平時考核作為老師去留機制，是當前教育政策應思考。當然，民間訴求將國民小學每班由三十五人降為三十人也是好措施，但問題是這需龐大教育經費支應教師人事費，無法在短時間內解決。

➡ 準老師難道沒有責任？

流浪教師過多，其實準教師應有自我責任。也就是說，雖然師資培育多元化，每位合於資格者都修過教育學程獲得合格教師證書，但問題在於，教育學程的老師及學校或教育當局並沒有強拉修習教育學程者來修教育學分，如果這些準老師在修教育學程或進入師範校院前就先想清楚，問題就不會這樣。換句話說，準老師也當知道，政府一定不會提供充足師資員額給這些準老師，也就是不再是過去一元化師資培育的「一個蘿蔔一個坑」的教育政策，此時這些修習教育學程學生就更不能怪政府多元化的處理。

易言之，政府開放師資多元化之後，就指出師資培育是儲訓

制，並非分派制。所以，現在僅能以每位教育學程的學生都可獲得一份證照為目標，並非每位合格準教師都有機會在教學現場任教。這種情形早在十年前就已是事實，並不是目前才有。所以，準教師本身應檢討為何我要修習教育學程？其當初目的何在？我是否適合擔任老師？

　　直言之，以一個近三十歲成人應會思考自我定位、工作的適當性、未來生涯發展，也就是應當會判斷未來在教職場優勝劣敗的道理。筆者相信，這些準老師在學校修習教育學程時，當有很多師長曾苦口婆心勸戒，修習教育學程不一定就當老師、可以往其他方向進修、考公職等話題。如果這麼多提醒，準老師還是如此執迷於教職工作，當然是個人對於教職熱愛的可喜，但問題是難道準老師就沒有責任？

➜ 師資培育機構是否應反省？

　　當然，師範校院提供的教育學程或一般大學所提供的教育學程，也應負部分責任。在這環節之中，最應注意的是學生淘汰率與課程設計問題。就課程設計來說，教育學程所修習的二十八個學分或三十六個學分，在科目之中重疊性過多，例如教育心理學、教育哲學、教育行政學、教育社會學，乃至於教材教法或教育導論等，在專業及知識劃分上並未明確，直接影響的是學生在學習興趣及學習專業度打折扣。因為科目重疊性很高，所以學生學完某幾科就可代表已修完教育學程。換言之，學生對教育學程學習內容抱著「很好混」、「很好修」的念頭。這歸結原因是教育類科的知識專業化程度較經濟學門、法律學門、數學或理工學門更為不足。這當然是教育專業應檢討的。

　　由於學科內容重疊，加上多數學程授課者對學生要求寬嚴標準不一，所以學生往往很好過關，僅閱讀一本教科書就可以輕鬆取得教育學分，這情形在很多學校頗為明顯，學校要當掉一位學生是相當困難的事。易言之，學校沒有嚴格把關下，學生取得教師證照非常容易。尤其 2004 年以前修習教育學程者，不需要經過教師資格檢定，只要修習教育學程，完成實習，就可取得教師證書，這種沒有嚴格品質管制之下，師資培育量增加自不在話下，也是造成師資素質下降的原因之一。

➜ 重新思考流浪老師的背後問題

・真正問題在社會對教師的價值評價

　　前述問題在於政策面、人口結構、教師本身、師資培育機構打轉。事實上，更令人擔憂的是目前正在師範校院就讀的學生及抱著理想還想當老師，但仍未進入學校的學生。因為在這些現象之中，有一個值得思考的問題，就是社會大眾或學生家長的社會價值觀仍對教師帶有一份憧憬。這種太過一廂情願的想法，就產生更多流浪教師。

　　怎麼說呢？過去老師一直為社會所尊崇，天地君親師，其地位較其他行業高，有較多的非經濟與經濟福利。老師在鄉里間又備受尊重，更重要的是有寒暑假，這令人歆羨的工作，當然人人搶著要。

　　然而，過去進入師範校院就讀的學生大都是學業成績較高的學生，他們大部分來自於高社會階層者（但也有部分是家境清寒，需要公費來維持念書的機會），雙親是醫生、老師、教授、律師、法官、民代、首長、行政主管階級及相關的中產階級家庭，因為家庭

環境優越，能在聯考中獲得高分因而進入師範校院就學，他們期盼的是來日有一份安定的教職工作。

相對的，自 1994 年師資培育多元化之後，修習教育學程學生人數增加。傳統家庭中，很多家長期待子弟擔任老師，因為這些家長不願子弟也如他們一樣「看天吃飯」、「看老闆臉色工作」、「有一天沒一天的不穩定工作環境」，所以好說歹說都不斷鼓勵及慫恿子弟來念師範校院。在家長期望之下，加上透過就讀師範教育讓子弟有社會階層流動機會，所以子弟一窩蜂擠進師範校院。但筆者近年觀察師範校院學生已不再如過去前半段學生優異，而是位處中等程度學生，甚至學生素質有逐年下降的趨勢。如再深入了解學生家庭環境，則發現他們都來自中下階層，雙親幹粗工、自耕農、開計程車、做小本生意、黑手或來自較封閉的鄉村地區，由於這些家長對目前教師培育環節、教師檢定、教師甄選與教師工作環境競爭並不一定深入理解，同時對老師刻板印象是「錢多、事少、學生問題好處理、又有寒暑假、更可在家向學生補習賺外快」，所以一再鼓勵子弟就讀師範校院。這種對師範校院仍抱持很大期望，並期待未來子弟可以從此翻身、麻雀變鳳凰的念頭，在目前師範校院仍為數不少，但其實目前這樣的環境與條件僅是一種幻影，在現實教育環境中可能會讓家長失望。

・師範校院生的從無知到已知

因為當學生懵懂進入師範校院之後，大學學習生活猶如在「生水中被煮的青蛙」一樣，剛進入師範校院時仍有一份願景與理想要擔任老師。縱然師範校院的老師苦口婆心鼓勵同學要多元學習、培養第二專長、多旁聽，並試著轉換其他跑道，但這些學生仍充耳不聞，抱著要擔任老師的職志，可是讀了兩年之後，這些學生除了發

現師範校院學習內容過於窄化、制式化、封閉化、僵化、未能跨越其他學習領域、無法與志趣相符之外，更重要的是，在大三與大四發現未來就業與生涯規劃問題重重，此時這些學生要轉學或重考都來不及了，因為他們已如快被煮熟的青蛙，浪費了兩年學習時光，且又不願割捨家長要子弟當老師的執迷不悟觀念，所以這些學生在最後僅能乖乖的念完課程，坐以待斃。

・師範校院生畢業就失業

這頗令人憂心，因為這些學校多半無法及時因應社會變遷及提供不同的學習方向，說穿了，時下師範校院沒有「非教育類科的師資」、經費、環境、設備、實驗器材與相關條件，提供給學生第二專長學習，所以這些師範校院學生必定是「一畢業就失業」、「一畢業就被社會淘汰」、「一畢業就成為找尋其他工作的一群」，更可能「一畢業就成為社會的米蟲」，這種人力培育的浪費問題在目前師範校院十分嚴重，如果當局未能給師範校院快速轉型的機會，未來這問題還會更嚴重。

➜ 結論

我們都了解教育當局、政策、準教師的生涯判斷、師資培育機構對流浪教師問題都有責任，但流浪教師問題背後，其實社會價值觀及家長觀念未改，相信是未來師範校院培養更多流浪教師的重要源頭，也是來日社會及人力資本浪費的最大隱憂。因為師範校院生浪費四年寶貴學習時光，加以沒有第二專長，出社會之後，又要面對弱肉強食的惡性競爭，如果要第二專長又非短時間可以完成。是故，目前檢討流浪教師問題，其背後應檢討的是其究竟為何種社會

價值觀所造成？

參、政策分析在師培政策的重要

　　2005 年 6 月 12 日，民間「拯救國教大聯盟」提出降低班級人數至三十人、提高每班教師編制至兩人、減少師資培育人數、教師課稅以增加教育經費等訴求，在當日遊行抗議要求教育部對前述訴求納入政策考量。其實，在流浪教師問題背後，反映出教育政策分析缺乏。怎麼說呢？

　　流浪教師會如此多，除了政府開放師資培育為多元化問題之外，最重要的是教育部並沒有每一年進行師資培育政策的深入分析。也就是說，師資培育政策凸顯出教育部對教育政策分析的不重視、沒有政策分析的專業人員、沒有專業政策分析單位，以及沒有長期追蹤師資培育人數的供需，更重要的是僅一味的開放師資培育的大門，卻沒有做好教師素質的把關工作，才會對師資培育教育政策掌握不周，因而導致流浪教師問題嚴重。

　　要指出的是，師資培育教育政策分析包括對師資培育多元化之後，各大學校院的師資培育機構申請立案、每年招收學生數管控、對學生輔導情形、學生就業情形、學生對師資培育機構課程接受程度、師資培育機構的課程設計、師資培育機構對學生獲取教師證書的品質管制、師資培育機構對學生素質要求、更重要的是，師資培育機構對養成一位好老師策略與過程並沒有深入分析。易言之，當局如僅以所謂市場化導向培育師資，卻沒有嚴格監督把關，這對師資素質將有負面影響。

　　尤其，師資培育法自 1994 年立法院三讀之後，由總統公布，

至 2005 年已有十一年，但在這十一年之中，教育當局卻沒有對多元化師資培育之後，師資素質是否有較以往提升、師資專業精神、教學專業程度、對工作投入、對學生熱愛、對學校及教育工作認同等進行政策分析，因為沒有進行教育政策分析，所以換來的是流浪老師增加。然而，更令人憂心的是，目前師資培育除了僅意識到師資量已飽和之外，教師素質及教師專業精神與投入是否也已降低？換句話說，當局在政策開放之後，並沒有做好教育政策的配套措施，即貿然進行，才會造成只要大學校院來教育部申請，就讓它成為師資培育機構來培育師資。這種只有看到教師培育量增加，卻沒有對師資素質管控的教育政策，是當前重要隱憂。

就教育政策面來說，當政策要付諸執行前都應有萬全的教育政策分析。在教育政策執行過程中，應對執行過程所衍生的問題、執行狀況及未來可能面臨的情境進行模擬分析，如此才可以讓教育政策順利執行。而以教育政策分析來說，它應包括教育政策的技術面（法規是否已立法、是否有不合時宜的法規）、政治面（包括誰應對政策負責）、經濟面（是否有充足經費）、文化面（究竟要培養何種老師）、人口面（是否會人口不足，少子化現象，師資供需）、社會面（包括社會價值觀）、教育制度本身，乃至於學生特性或政策標的人口（即受該政策影響者），深入分析才可掌握教育政策執行全貌。

換句話說，如果在師資培育政策制定過程，對前述面向一一分析，提出教育政策執行後可能面臨的問題，如此周延的教育政策，執行起來困難才會減少，並解決多數人的困擾。但是當局卻沒有這樣進行分析。就以目前來說，教育當局面臨這種困境，也就是對任一項教育政策，除了教育部沒有專責的政策分析機構之外，也沒有教育政策分析專業人員來對任一項政策有效分析、管考與評估，才

會引伸出流浪教師過多的教育問題。

其實，更難接受的是，教育部沒有妥善進行分析也就罷了，看看目前在位的教育官員，很多是在 1994 年一再要求政府要師資培育多元化的教改人士，如今位居政府要職，卻對師資培育政策束手無策，社會大眾真難想像，究竟這樣的教育政策，該由誰來負責？

總之，流浪教師的問題凸顯出，教育當局宜對要執行的教育政策進行深入分析、評估與管制，否則讓問題產生之後，亡羊補牢是無法解決教育問題的。因為很多教育是無法重新來過，不是嗎？

肆、教師課稅問題

行政院 2005 年 3 月發布要修國民所得稅法，擬對中小學教師課稅。但行政院提出之後，教育部卻無法提出如何將一百五十億元稅收做合理規劃分配。後來教育部在北中南區進行教師課稅公聽會，但會中都沒有課稅的共識，且教育部沒有提出合理課稅及分配方式，這對基層教師是不合理的對待。

記得 2002 年的「九二八遊行」，來自全省十萬多名中小學教師齊聚台北，對教育部表達不滿。認為教育部向來的教育政策一再反覆，後來執政當局卻說是中小學教師對課稅不滿，才會走上街頭，反而激怒全國基層老師。當下基層老師指出，並不是他們不願意課稅，而是教育當局轉移焦點，且對課稅沒有提出合理說明，並改善教學工作及教育環境，因而讓教師工作壓力倍增，演變至今，才會有教師課稅議題。

其實，中小學教師課稅議題在基層都一再發燒，當局曾為回應軍教人員及講求課稅合理性，以「課多少、補多少，薪資不減少」

說辭來安撫，但幾年來政府在這政策宣示，配合行政院對所得稅法修正擬課軍教稅，才讓問題引爆。這問題背後，凸顯出當局對政府財務規劃未具前瞻與對課稅方式的政策反覆。

身為一位教育工作者，並不反對教師課稅，因為課稅之後，更覺得合理自在，因為身為台灣一分子不應有差別待遇，所以支持教師課稅。但看到當局不僅在教育政策反覆，且對軍教課稅之後，並沒有提出合理配套，也未指出要如何合理分配這些經費，更覺得此措施不當。尤其，看到政府要調漲油電、提高健保費、將老師的五十五歲優退方案取消、公教人員18%優惠利息取消、軍公教子女的教育津貼取消，加上近幾年政府對公教人員沒有加薪。看到政府對軍教人員一再減少福利，卻沒有提出配套措施，真令人感到不安與憂心。究竟政府是否真的照顧國民？

記得過去四十年來，為了要培養良好國民，因而政府對軍教人員有相當的工作及職業保障，當時收入水平也不高，幾十年來讓軍教穩定生活，才能培育下一代。這歸功過去政府在軍教福利保障。但事隔幾年，時空環境不同，尤其近年執政黨無法讓經濟復甦，並讓失業人口增加、工作不好找、國民所得降低，各行各業才會檢討軍教人員的收入。試想經濟好轉時，為何沒有要對軍教人員課稅呢？但基層教師已將心比心，能同理各行業的困境，也同意課稅，但政府對此方案的配套措施在哪裡，卻無法理解。所以對課稅合理性及稅收如何運用，將是基層教師最為關心的。

換言之，軍教課稅說了幾年，但執政當局對這些課稅所得沒有提出要如何合理分配。究竟是要運用在教育體制呢？或這些經費在課完稅之後，也會運用到其他政務去呢？如果是後者，究竟這些應用於國民教育、高等教育、中等教育、師資培育、改善國民教育環境，或作為教師退休經費或補助地方政府教育經費呢？以目前各級

教育經費一再縮減，當局說要提高教育發展、提高國民知識及學生基本能力，卻沒有經費為後盾，這真是巧婦難為無米之炊。課稅之後，執政當局是否能將所得到的稅收運用於教育，或是將這樣的經費合理的分配與運用，當是目前很重要的課題。

試想如將這筆稅收用於其他政務，例如經濟、科技、文化、環保、國防，甚至選舉，這和執政當局說要課多少、補多少政策宣示，又大為不同。易言之，如果將教師課稅一百五十億元用於非教育政策，這對說要補給教育人員經費，豈非政府在自打嘴巴，因為整體的教育體制，甚至未來的下一代並無法獲得應有的教育資源與福利，這對教育人員與學生無疑是不誠實，在政策上是相互矛盾的。因為沒有提出要彌補相關的教育人員，對這些人員將如何交代？

總之，軍教課稅是多數中小學教師所支持，但政府要課稅的同時，當局應對課多少、補多少、如何將稅收合理的運用給與回應，以及在課稅之後，如何分配所得稅收，是當務之急。看到這幾次的教育部公聽會，教育部與基層教師不歡而散，就顯示課稅爭議性，也就是，未來每年獲得稅收，教育環境如何改善？教師福利是否減少？學生學習環境是否增加？這些問題如未解決，對中小學教師課稅，社會各界又豈能接受？

伍、超額老師的隱憂

2005 年 5 月 15 日有一則值得關注的新聞，某縣市因為國小班級數減少，因而有了「超額老師」問題，後來為了平衡排課，所以將超額老師用抽籤的方式來論定去留。也有些縣市為了決定超額老師去留，就以「後進先出」的原則，即較後年度進來的老師應先離

開學校。這抽籤法與後進先出法的問題很值得深思。因為這將會在各級學校產生骨牌效應。

首先,小學老師超額的問題以抽籤方式論定去留,將造成小學老師對於教職及學校認同度的降低。因為抽中離開的老師可能是具有教學經驗、又受學生喜歡且投入教職工作者,反倒是沒有教學能力及不受學生喜愛的老師可以留在學校繼續任教,這種將產生中小學教師的反淘汰。未來如果沒有提出解決或調用超額老師的問題,情況將更為嚴重。因為教師工作權應受到保障,同時如果僅以抽籤看來似民主、平等與公平,卻違反教育生態,勢必讓老師人人自危。

尤其,教育部 2005 年指出,七年內將減少九千九百六十五個班級數,對師資培育制度和新聘機制造成嚴重衝擊。以目前國小每個班級編制 1.5 位老師,如果減少九千九百六十五個班級,將減少近一萬五千名老師。換言之,未來台灣人口呈少子化趨勢,教育部應提出對策。

其次,超額老師問題的背後,更有教育資源閒置的問題存在。因為學齡人口減少,將首先造成各級學校被迫大量減班,不僅校舍可能閒置,教師超額問題也將惡化。易言之,學校、校地、資源及學校各種人力都可能空在當地,無法妥善運用,這在目前教育經費有限的環境下,更讓學校資源無法有效運用。

第三,超額老師的問題將產生骨牌效應。目前台灣地區總生育率下降至 1.24 人,平均一位婦女只生 1.24 個小孩的趨勢,少子化是台灣未來趨勢,尤其每年減少二至三萬名孩童,對學校招不到學生也勢所難免。就如國小將會招不到學生、國中與高中職必然接踵而來,接著就是技術學院、科大與大學。高等教育方面,由於學生來源減少,大學將面臨更大競爭壓力。就如花蓮的經營管理學院(前精鍾專校),2005 年就關閉幾個科系造成老師無法任教的問題。換

言之，當局還在各縣市改制綜合高中、增設高中、改制專科學校為科大、增設私立大學，這都是浪費國家教育資源。

其次，老化人口不僅有扶養問題，且在於如何提供終身學習問題。教育部對終身教育機構缺乏，相關法規形同具文。雖然政府於2002年總統公布終身學習法，但各級主管機關要建立終身教育委員會，強化非營利組織提供學習機會，發放終身學習卡，強化社區大學功能，鼓勵殘障、原住民與老年人進修，都僅是口號政策，沒有具體計畫與配套措施。尤其國中與國小進修補習教育效果不彰。只有束諸高閣的法令，以及所謂「終身教育機構」一再發放文憑證書，未能落實老人終身教育，恐是未來最大問題。

最後，異質化人口問題算是老問題，更是多元文化教育問題。開放兩岸或外籍人士通婚，已經有十餘年，但教育部都抱持著被動、漠視、消極、不理不睬的態度。易言之，並未設計適當課程、教材與長期追蹤，未來他們將是潛在社會背後的嚴重問題。

總之，面臨人口結構轉變，教育部對學校經營方式、師資運用、校舍規劃，乃至經費分配應提出方案，否則人口問題環環相扣，將影響教育。

陸、國中小學老師超額

面對各縣市中小學將有超額教師問題，這將產生骨牌效應。

首先，中小學老師超額，最大問題是如何安置或決定老師去留。目前以抽籤來論定去留，不考量老師教學努力及是否為學生喜愛，這將產生老師的反淘汰。也就是說，以假民主、假公平、假平等的抽籤，未實際考量老師在學校實際表現，除了是「老師超額有

隱憂」之外，「現任老師更有隱憂」。易言之，未來中小學老師，甚至高中職以上的老師，皆人人自危，因為決定去留不考量老師表現，這將對老師士氣、教職認同及工作角色有負面影響。

其次，超額老師主因來自生育率下降，衍生而來的是小學生、國中生將減少，接著將是高中職學生減少，再來就是大學及研究生減少。但政府早知道這情形，卻未提出妥善規劃，因此未來這問題將更嚴重。因為它將造成師資培育及人力資源浪費。筆者再提供一個數字供參考。

2004 年基北高中職聯招錄取率達 85%，但仍有三萬一千名無法招齊，空缺比率高達 66%，也凸顯出超額老師問題。北市與基隆高中職無法招滿學生已是警訊。因為基北區無法招齊，其他沒有競爭力的縣市就更別說了，因而超額老師將更嚴重。也就是說，超額老師不僅北市或中小學而已，未來各縣市及各級學校都有可能。說穿了，中小學生人數少、高中職招不到學生，學校勢必倒店。2004 年無法招齊的學校是以私立高職居多，日後私校將會惡性競爭。我們真難想像 2004 年有三萬一千名無法招齊，近年政府又廣設高中大學，未配合學齡人口數下降，所以無法招足的學校將更多，教育當局應妥善制定學校淘汰機制，否則學校倒店，學生學習權益將受損。

第三，國中小減班、高中職招不到學生，間接將影響到大學、科大或技院無法招到學生，這形成骨牌效應。就如 2005 年小學超額老師已出現，2004 年已有私立高職無法招到學生。可預見，各層級學校沒有充足畢業生，就沒有充足的學生來源繼續進入大學及研究所就讀，所以科大勢必在近年面臨無法招足學生或「足額招生」問題，這將對各級學校造成嚴重傷害。學齡人口無法提供學生來源，老師當然就要走路。而私校或高職招不到學生，接著是公立高職，再接著是私立高中與公立高中，所引伸而來的是技大將無法招

到學生，最後大學也逃不過此命運。2005年花蓮經營管理學院關閉幾個系就是一例。這種骨牌效應正需要教育當局因應，否則日後台灣的中小學、高中職，乃至技大或大學倒店問題將更嚴重。

第四，老師超額或高中職招生不足，非僅學校倒店所衍生出的是教師變成流浪教師，校地、校舍設備將閒置浪費。目前三萬名流浪教師無法找到任教學校，未來有更多已取得合格教師資格且任教多年具經驗教師面臨失業、轉業困難。另外，主管教育機關亦未擬出一套若學校無法招到學生後，校地與設備該如何運用的辦法？

鑑於前述，主管教育機關似應有以下作為：

第一，針對中小學老師超額問題，不應以抽籤方式決定老師去留，而應以老師表現及老師素質作為考量，嚴格說來，當局應採教師分級制，讓好老師可留任繼續任教。更重要的是應掌握中小學未來的學校設備及人力運用，避免浪費。

第二，針對招不到學生的私立高中職應鼓勵整併。如果學校各科都招不到學生，應與其他學校整併，讓高職課程重新洗牌，減少學校在教師及設備營運成本上的浪費。

第三，建議招不到學生的學校或將無法生存的學校轉型。鼓勵這些學校轉型為地方的社區學院、成人進修教育機構或轉型為民眾休閒中心。它讓這些學校資源充分運用減少流浪教師，但基本前提是教育機關應提出配套措施。

第四，建立高中職學校淘汰機制。國內在各級學校都未建立倒店的淘汰機制。這問題將衍生出各級學校惡性競爭、倒店、校地浪費、流浪教師與設備閒置等。如果政府未能提出政策，將來這些問題將更為嚴重。

總之，在超額老師問題的背後，將衍生更多的問題，當局不可不注意。

柒、私相授受教職

2004 年 5 月，某大學有位研究生讓渡考試資格給候補學生，其中要求數十萬元酬庸。此舉非教育界頭一遭。目前教師聘用制度也有發生，怎麼說呢？

自高中職以下學校的教師聘用改由各級學校的教評會決定之後，學校教評會聘用教師方式已有很多問題在社會上流傳。友人指出：她每年都會去參加教師甄試，即由各校的教師甄試，後來學習到考試臨場經驗後，在某一年度，很多學校都有錄取她。由於甄選的學校，在每年的甄選教師中，同類科教師並非只有錄取一人。此種原因是學校擔心，目前很多報名教師甄試者，並非只有報考一所學校，因此大部分學校都在同一科老師的錄取名額下，有備取教師的名額。也就是說，為了避免當年度因為重複甄試的教師無法到學校報到，而影響另一個學年學校的正常教學運作，因此就有備取的教師。

正因為有備取的教師名額，該名朋友在某一年度非常優秀，同一年中考取很多學校。由於她在宜蘭縣的某所高職任教（已是合格的教師），後來因為距家非常遙遠，因而在某一年就回到北部某縣市考試，結果很多所學校都錄取她。而在備取的一位同學（準教師）就打聽到我這位朋友已在宜蘭縣某所高職任教，因此就打電話要求友人放棄某所學校錄取的教師資格，而由他備取補上。因為該備取教師考了很多所，一直沒有考上，在教師甄試的過程中，每考必敗的心情下，該名備取教師主動提出五十萬元給該名友人，以及支付該名友人在宜蘭生活的一切費用。

　　備取生如此主動要求，其實在目前的教師甄選制度中更不知有多少。也就是說，先前研究所備取生要求正取生放棄錄取資格，並給予實質補償，其實在教師的聘用制度中也已有所聞，只是教育主管當局未能查明，同時也無法可管。

　　聽聞此訊息不表意外，因為教師甄試制度已有很多扭曲，就如在教評會之中，很多甄選考生是教評會的親朋好友，有很多管道進行不當交易，就如紅包文化、關說、請託及洩漏考題給考生等，已不是新聞。就如 2004 年 9 月彰化縣某所學校的校長即將筆試的考題洩漏給其親朋好友，最後所錄取的各科教師中，其親朋好友均在榜單之中，輿論譁然。換言之，在目前的教師聘任制度中，已凸顯出有人販賣職位及有人販賣教職，更有人以洩題讓其親信可以考上，且不在少數。

　　教育當局把教師聘任制度轉移給學校及地方教育當局，所衍生的教師販賣職位及交換職位一再上演。表面上，每年教師聘用制度由學校甄選，將權力下放給地方，但是教育當局面對教師聘任制度的關說、請託、紅包及販賣職位者，卻無法提出因應。因此，教師聘任制度無法彰顯聘用優秀教師的功能。

捌、關鍵不在組工會

　　2005 年 2 月間，教師是否組工會來保障教師之勞動三權，鬧得沸沸揚揚。究竟教師是否應組工會？各方都有他們的盤算。但是仔細思考，整體問題似乎不在於教師該組工會或不組工會，而是在於教師不信任我們的教育當局或當局所制定的相關教育政策，才會引發這樣的爭議。何故呢？

依 2004 年 4 月行政院勞委會所提的工會法草案,是將「行使罷工」認定為勞工的「尚方寶劍」,且如依該法案說法,此法令不應以行業特殊而排除勞工罷工權。因此如果支持者要將教師納入,也有可能。但教師如果組工會就會將教師視為「勞工」,不再是傳道、授業與解惑的角色。接著,教師可以在學校及班級綁白布條、教師也可以在學校辦公室掛行動標語、教師可不再那麼用心教學、輔導學生、關心學生,因而有「怠工」與罷工罷教機會,甚至對學生問題處理在教學及上班時間外「拒絕加班」,這些「爭議行為或權利」在教師組工會之後,都有可能成為教師專利。試想如果這樣的情境果真在學校發生,我們學生可能變成一種產品、商品作為買賣,也是老師對付當局的利器工具,演變結果是老師批改學生聯絡簿與作業將「論件計酬」,改得愈多領得愈多?

就整體環境面而言,在這個議題或過程中,因為教師角色與「勞工」確有不同,且教師的「老闆」或稱資方並不是「學校校長」,因此老師組工會造成另一波學校行政人員與教師在面臨「不信任教育部政策」、「不支持教育當局對教師的權利」時,究竟要站在同一線上共同罷工、罷教、罷課行列,或行政人員該與教師劃清界線,都是未來組工會可能發生的問題。

但全教會或支持組工會者認為各國教師應組工會,落後的中國大陸也不例外,台灣是民主國家,豈可落後於中國大陸?教師籌組工會不但是國際潮流,連民進黨黨綱都明白寫著「工會聯合組織多元化,開放公教人員組織工會」。教師如果在多數的會員同意下,向教育部罷教抗議發聲,事後再向學生補課並不困難。同時,教師組工會更有權力向教育部及行政機關的不合理政策、方案有合理對抗及救濟管道;因為罷教或協商的「尚方寶劍」就在教師手中,教育部不提出合理教育措施,教師將會修理教育部。也就是說,教師

組工會可團結教師工會的教師意志信念，不再受教育部愚弄、玩弄與任意的聽命使喚，因為教師與教育部的特殊權力關係早已改變。

而教育部指出教師組工會後，教師的權利義務不再受教師法一切保障，最實際的是月退將取消、小學老師要課稅、天地君親師的地位不再。教師回歸勞工法的規範，屆時教師在寒暑假領不到薪資。勞資爭議亦由勞委會解決，權責不在教育部，尤其教師組工會之後，教師結社、權利、義務、待遇、退休、撫恤、救濟及相關措施都應配合調整，這些實質的「效益」，並非教師單方喊得爽就可以了。

上述支持工會者不信任教育部過去作為與現在說法，所以一味地要組教師工會，因為早已受夠教育部政策的朝令夕改，就如初一、十五的月亮不一樣。而教育部為避免日後教師抗爭示威、不信任與不支持教育政策，因而罷教罷工，使教育蒙上陰影，所以教育部開始關心基層教師，這看來居心叵測。

前述雙方相互角力，關鍵不在於教師是否組工會。因為教師組工會之後，要了解罷教對學生學習影響，並非事後補課就可了事。何況目前教師法已明定教師組「教師會」，為何它不能發揮作用？教師優惠保障已比其他職業多，教師本身當應檢討。如果教師組工會之後，僅享權利（力）不盡義務，相較於其他行業，教師也說不過去。

相對的，教育部也要檢討究竟為何目前已有教師會，教師仍要組工會呢？是否教師會被教育行政機關綁住，因而功能不彰，使得老師反彈才會來組工會？或近年教師對新課程教材、教育資源分配、教師教學負擔無法接受、教師對政策沒信心、教師心聲與意見未被教育部重視，所以才組工會呢？還是教育部期待教師要帶好每位學生，又未顧及教師的聲音，也就是說，教育部當知這才是支持

工會者一再請命組工會，不再受教育部掌控愚弄的所在。

　　總之，教師爭權力與權益是合理的，但組工會與否並不是關鍵，爭議的背後在於教師不相信教育部近年來的政策與不相信教育部所致，不是嗎？

玖、教師組工會的利弊

　　2005 年，全國教師會於五一勞動節在台北集結，訴求組工會，但教育部目前態度不明。立法院正審查工會法，其中最引人爭議的是教師應組工會嗎？此時，應好好思考當教師組工會之後的相關問題。

　　教師組工會不一定可解決所有的教師與教育問題，但可以確保教師的協商權、團結權。不過有幾項值得思考。第一，組工會之後，教師角色、定位、福利、薪資可能不再如過去的教師，它的工作屬性可能與勞工相同，除非在工會法重新認定「教師角色」。過去的天地君親師的地位不再。因此老師教學及對學校所進行的「勞務活動」都是勞工工作範圍，這對老師的社會地位不一定有益。第二，教師組工會將影響師生關係，乃至教育品質質變與工作不協調。如以勞工地位看待，此時對學生心理輔導、師生之間教學時間將依據勞基法規定。如果老師對學生輔導超過工時或對教學勞務增加，此時老師可要求停止或罷工，這造成對學生的愛、關心及照顧產生質變，老師的教學愛，可能要論斤計兩。教師不一定要投入更多的愛心，因為「勞工時間」有限。第三，組工會之後將在校園產生微妙變化。一方面老師的「資方」不是校長，所以抗爭及示威時，將與學校行政人員的立場不同。另一方面，老師以勞工角色在

學校教學，學校有工會，此時工會可隨時依其要求進行工會會員所需的各種活動，例如綁白布條、寫工會標語、在校集體抗議或在校園進行招募「教師工會會員」。最後，教師組工會當然會與現行的教師法所規範的權益有別，例如勞工有工作基本薪資，寒暑假不上課就沒有薪資；如果對學生的愛是以「按件計酬」，對學生作業本批閱是制式化生產，那麼學校教育將產生不當影響。這也就是說，教師如果要組工會，應思考組工會的利弊。

當然，教師組工會有幾項優點。第一，可保障更多教師權利，對老師工作權及不合理要求有更多管道紓解。第二，教師組工會讓教師有更團結的機會，面對教育部威權及多變教育政策可提出合理反駁，也就是教師如有協商權更能保障教師權益。第三，教師組工會是人民自主權，憲法就明文規定人民有結社權，教師也是人民，加上教師與政府的特殊權力關係已轉變，教師是可自力救濟。因此，合理的團結教師意志與合法結社有其價值。第四，教師組工會讓教育當局更尊重教師權益，也更了解老師的需求及意見，如果教育部過多干預，教師可透過罷課及罷工手段，要求與教育部協商。

上述可看出，教師組工會應考量勞資雙方權利與義務，以及在何種情形下才應組工會？以及為何要組工會？如果將教師個人權利與義務納入考量，教師組工會當然有其價值，因為它所要解決的是教育部過去幾年來對基層老師的不尊重、教師意見與聲音沒有被接受，以及善變的教育政策，讓教師無所適從。這樣爭取教師組工會的合法性及目的或價值可理解，這是教師團體堅持要組工會的背後原因，也是最根本問題。

其實，教師組工會應釐清幾個核心問題。第一，組工會之後，幼教、國小、國中、高中，乃至大學校院的老師是否都可組工會？如是，各層級教育的工會屬性、定位、角色、功能、權利與義務是

否不同？以及如何規範各個工會運作？將是各層級教師應面對的課題。第二，教師如果組工會，學校是否應視為教師的「勞動場所」，此時應考量公、私立學校教師的差異性與獨特性。因為私立學校頂頭上司是董事會或董事長，私校教師可對該會採取任何行動，但反觀公立學校教師可能頂頭上司非董事會或董事長，也非校長，而是教育局或教育部，此時在公立學校採取抗爭對學生學習影響將會很大。因為受教學生來自於社區，有別於勞工在工廠所生產產品——不具有教育的價值。當教師罷工之後，不僅是對學生應補課的問題，同時也會對學生學習或心靈上有不良影響。最後，組工會應當考量日後衍生的勞資雙方爭議，即教師與「勞方」在面對勞務糾紛或不合理對待時，如何在合理仲裁與調解下，取得合理平衡，而我們要問，這個仲裁與調解機制在哪裡？

　　總之，教師是否組工會的爭議背後，更應思考教師團體為何要組工會？組工會究竟是為了對付誰？組工會將對現行教育體制有何利弊？簡言之，組工會價值何在？若不組工會，在多變的教育政策下，教師處境又會是如何？

拾、教師資格檢定問題多

　　2005 年 4 月所舉行的全國第一次教師資格檢定考試，其爭議從當局說要檢定就已開始。這一方面暴露教師檢定合理性與適切性的問題，另一方面也將影響教師投入工作的態度與意願問題。何故呢？相信有多數教師對於近年來的九年一貫課程政策搖擺、流浪教師找不到工作以及退休者無法退休感到憂心，教育當局才會以檢定方式來解決問題。但這樣的方式無法提高教師素質。

在未來要擔任教師難上加難，因為師資培育法規定，實習教師完成半年實習後都要經過一次教師資格檢定。該檢定考試在教育部進行公聽會時，各界提出的問題已一籮筐。如果未來仍以此方式進行，將產生更多問題。

首先，綜觀教師檢定科目非常龐雜，無法顯現出未來中小學教師特色。它的問題在於每個教育階段（如小學、幼稚園及高中職）的教師檢定有不同類科。雖然學校等級不同，但考試科目相近，問題在於考試科目約八科，但是每一科目又包括其他科目。例如教育制度與原理所包括科目有教育心理學、教育哲學、教育社會學、教育行政等，這對師資培育機構學生來說既雜且無系統，無法聚焦，因而產生壓力，未來的教師檢定更形成一元化，無法培養出具特色的老師。這是我們不願見到的。

其次，考科要以選擇題或非選擇題形式呈現，教育部在政策上就一直拿捏不定，讓考生困惑不已。如只考選擇題，可能讓檢定者有猜的心態、考試領導教學、學生僅會背誦無法統整學習，這與九年一貫精神不同，無非自打嘴巴。如考非選擇題，可能讓閱卷老師沒有明確標準，在申論題上陷入公說公有理，婆說婆有理的兩難，除非考試題目有標準答案，否則爭議問題將會一再發生。如讓二者各半，教師檢定會引導師資培育機構教學，因為學生僅會學習考試有關科目，並不會有更多時間來進行師資人格培育與精神涵泳，這對當局強調要多元智慧、多元評量及多元入學相違。試想我們要求中小學老師要多元，卻在師資培育及檢定過程不多元，這真是說不過去。

第三，師範校院將變成師資補習所，而不是師資在人格及品德的培育機構。因為師資檢定考試科目已劃定，所以師範校院及師資培育機構學生選課就會畫地自限，對不考科目不選且不學習，這對

師資培育是諷刺。因為一位好老師不在於考試過程會記多少知識，以及考試有多高分，他們更應了解如何對中小學學生付出關心及愛，對教育有無熱誠、對教育能否視為最喜歡的工作、對學校教學能否勝任、對問題學生及特殊教育學生能否有更多關心，這人格特質要比從國家檢定考試僅以選擇題或是非選擇題過關者，卻不關心學生及愛護學生來得重要。這就如同過往在中學時代的公民與道德，可能學生在考試上是一百分，但在實踐上卻是零分的問題。

考試領導教學早已存在於師範校院的學士後師資班之中，學生以考試為主，並未顧及在師資特質的培養，現在的現象更是他們在師資培育機構上完課之後，到坊間補習班上課，其目的就在通過教檢。他們在師範校院的學習就限於考試科目，不會有更多的學習。因此，在養成階段，除了師資培育機構的教檢科目的學習，多數學生更要交出一筆補習費用，這對他們的精神折磨更高，因為對於教育部未來檢定方式質疑，他們所面對的考試壓力有增無減。

面對這些問題，提供以下建議供當局參考：

首先，當局應重新評估教師檢定的可行性及適當性。也就是說，究竟我們是要培養一位好老師？還是僅是一位會考試的老師？

其次，教師資格檢定應注意到師資培育機構考試領導教學的問題，如果真的要考，為避免不必要的問題，筆者認為如擁有碩士學位以上者，應可不必經過教師考試檢定來取得教師資格，因為他們學習條件已足夠擔任中小學教師，不必畫蛇添足。

第三，如果真的要測試，對具有學士文憑者的檢定應以基本能力測試，而不是所有教育類科測試。如果這樣，師資培育機構更會加強學生在生活、表達、寫作、心靈培養與特質及相關心態調整，而不會因為教師資格考試，而讓教師教學的本務給遺棄。易言之，如果是基本能力測試，考生就不會依賴補習班教學，而更關心師資

培育機構所提供的教育內容。

　　最後，當局進行教育政策決定應注意後續發生問題及如何因
應。進行政策規劃就宜注意未來可能發生的問題。如沒有政策問題
前瞻，就如教師資格檢定，在先前若未考量如何檢定，會帶來後續
更多問題。因為它可能涉及個人權利與師資的養成，以及下一代國
民的培育，當局豈可兒戲[註1]。

拾壹、教師分級的迷思

　　2005 年 4 月教育部指出擬對中小學教師分級，這說法要再評
估。教育部提出的方案是根據教育部委託研究，方案指出教師分級
根據年資、進修時數和教學表現，將教師分為初階教師、中階教
師、高階教師和顧問教師四級，其中年資和進修時數是升級門檻，
要升級的另一個重要條件是要進行「教師評鑑」。

　　中小學教師分級及評鑑與否已爭議多時，主因是支持分級者認
為它讓不同等級教師有不同工作量及負擔、它可依不同等級進行敘
薪、可增加小學老師榮譽感、可提高中小學教師進修及研究動機、
可以增加教師專業能力，以及提升教師社會地位。但是反對者認為
教師分級制在教育現場將產生幾項負面問題。例如教師分級究竟應
分幾級？這些級數如僅依年資、教學能力或其他向度，很可能無法
整體的掌握學生問題。當然教師分級制可能更增加家長對學校排課
的爭議，也就是家長會要求高階教師、明星教師或受喜愛的教師來

註 1：為了解新制師資培育方式，作者針對該議題訪談數十位學士後師
　　　資班的學生，從他們的意見中整理出相關的問題，見本章附錄。

任教，因而產生學校每學期的排課衝突，家長崇拜明星教師，導致教師被標籤化。因為不當的標籤化產生教師之間的惡性競爭。

　　此外，教師分級過程中須進行教師評鑑，評鑑之後才可讓教師升級。教師評鑑內容及向度為何？由誰來進行教師評鑑，是校內或校外？如進行教師評鑑也將產生教師以評定內容作為教師的教學方向，投機者會鎖定在「要升級評定項目」中過度、誇張或刻意「教學」，這對九年一貫說要達到十大教育目標以及學生全人格養成，將反其道而行。

　　雖然有幾個縣市小學已進行「非正式」教師評鑑工作，例如台北縣對小學教師評鑑以規劃能力、教學與管理能力、專業發展能力等三方面為依歸，實施方式由教師校內自評，其評分標準分完全符合、大部分符合、部分符合及不符合。因為教師自評或校內自評常會「報喜不報憂」，無法反映教師教學真正的問題，所以這作法會流於形式與多此一舉。說穿了，它可能無法提升教師專業能力，反而增加學校進行教師評鑑的負擔。易言之，對這些縣市進行中小學教師評鑑表面上是可支持，但當局更應掌握究竟這樣的教師分級及評鑑其成效何在？是否真的提高教師專業能力及教學能力？學生的學習效果是否提高？競爭力是否加強了？

　　當然，必須指出的是國民小學教師的教學評鑑沒有法源依據。只要翻開國民教育法（1999）、教育基本法（1999）及相關國民教育法令，都沒有提到對教師評鑑與教師分級制的法源，易言之，在沒有「政策合法化」前提下，所進行的教育方案或政策會讓家長、學生、教師，乃至教育行政人員無法完全施行。更重要的是，目前台灣不僅在大學評鑑、大學教師評鑑沒有具公信力的評鑑機構，中小學老師要想公平、合理與客觀地評鑑教師的教學成績更是難上加難。所以，教師評鑑與教師分級制的基本條件，應取得合法地位及

正當程序，否則僅是一種「非正式的教育方案」，這對受評的小學教師可能無法理解與接受。

作者在教學現場擔任多年教師，深深覺得要進行教師評鑑或進行教師分級制並不容易，除了上述問題之外，重要的是教育當局應先將教師評鑑或教師分級制的整體方案執行後可能的優劣與問題明確指陳，而不是想到哪裡做到哪裡的教育政策規劃方式。與其要進行教師分級制，不如先讓中小學教師可以主動進修、研究，來加強他們的專業知能。1995 年的教師法就規定教師進修不但是權利，也是義務。因此如果從進修研究之中，讓教師真正的找出他們的教學瓶頸，進而改善其教學技巧及加強學生能力。

當然，很重要的是目前中小學教師也好，高中職以上的教師也罷，在「教師薪給表」就已呈現不同薪資等級，從中可看出不同年資與等級教師，這其實就已是分級制了，所以，教育部如要再刻意採教師分級制僅是畫蛇添足。此外，當局在教師分級制或教師評鑑作法強調，如果要執行「可能從新進教師做起」，這更凸顯出不合理。試想新進老師可能是最不被厚愛，因為一進來就要強制進修、分級與評鑑，但已教數十年者，卻未強制要進修與評鑑，這作法豈不造成反淘汰與失去教師評鑑的意義與價值。這樣的政策值得再思考。

拾貳、改制教育大學難題

行政院於 2005 年 4 月通過國內六所師範學院轉型為教育大學（2005 年 8 月 1 日之前師院已全部改制教育大學），並規定在三年內，師範校院修習教育學程名額數量降為五成以下，教育相關科系

數量降為三分之一以下，其他三分之二學系轉型為一般學系。這項政策是為了要提升師資培育特色，值得肯定。

　　首先，行政院讓六所師範校院轉型教育大學，相信是各界支持且是師範教育轉型的好方向，但前提是要讓各師範校院師資培育科系調整五成以下，這將變成管制與計畫式師資培育，對師資培育與發展並不一定有助益。這或許是因為近年來「流浪教師」過多，因而擬減除社會疑慮所提出的解決方式，但這方向頗有爭議。一者師範校院培養師資是不可否認的事實，其特色及時代需求有其價值與存在必要，但如果短時間內調整系所學生人數可能會有問題。一方面是師範校院各學系轉型需要有專業師資及人力，才容易讓學校體質改變，但教育部不讓學校有更多師資員額，又限定其發展方向，讓巧婦難為無米之炊。也就是說，短時間完成學校體質及專業人力轉變實不可能。在學校無法短時間轉型下，學校無法提供「非教育類科課程」及師資供學生學習，這將讓轉型過程中，全校學生學習產生困擾。也就是說學生在校無法修習到非教育類科，必須要到外校修習，這不僅會讓學生浪費時間及學習方向，更對未來師資轉型及後續招生面臨更大衝擊。

　　其次，行政院要求師範校院如果轉型教育大學，接著就是要與鄰近大學進行整併。這作法過於一廂情願。因為兩校要整併，並非想像中的容易，否則近年來，國北師與台大、屏師與屏科大、花師與東華、竹師與交清就不會投入相當多人力、精神在溝通學校整併問題，卻仍得不到整合效果，就是很好的例子。易言之，整併需要考量兩校意願、學校結構、學生屬性、研究發展方向、教師結構、研究風氣、兩校地域，乃至經費運用分配，或兩校在整併之後，究竟應由哪校來主導未來學校發展，而非被另一學校所併吞式的整併。也就是說，整併過程如過於簡單化、樂觀化，以及要求在學校

五年內就有如此成效，這無疑在緣木求魚。當然如果將轉型後須整併視為其中一個選項，是可考量的方向，但把它作為唯一項目，教育部就過於武斷獨裁。試想新的教育發展講求競爭、適者生存不適者淘汰，如再以管制計畫方式要求學校整併，這將造成學校發展困擾。重要的是學校整併非短時間就可達成，在他校不領情、不接受整併的情況下，亦無法達到上述結果，因此，改制教育大學的條件如一定要求學校短時間內要整併，並不可行。

第三，改制教育大學過程中，行政院僅提供轉型許可證，並未提供資源與經費，這更讓師範學院陷於不義。因為沒有提供必要教育經費，在改制之後須調整系所，這需要專業師資，也就是沒有引入非教育專業教師，無法讓師範校院體質真的轉變，反而讓師範校院處於渾沌不明與自生自滅，這對當局要提升教師素質與讓師範校院改頭換面，是一種反諷。因為師範校院的教師員額不變，僅掛個教育大學名稱，並沒有實質改變，這樣的改制，就如同先前績優專科學校改制為技術學院，後來又改制為大學，但實質功能卻沒有發揮，道理是一樣的，易言之，若無法提升整體研究能力及專業發展需要，一味轉變並不一定是好事。再者，除了教師人員之外，也沒有教育經費投入，沒有經費就沒有設備、沒有硬體與軟體設施，如果這些實質體質不改，教育大學與師範學院又有何不同呢？相信這不是社會及師範學院師生所期待的。

最後，改制教育大學之後，師範校院更需要政府協助關愛。因為師範校院在四十年來已為台灣提供良好的師資，為國家培育良好國民，而今將改制教育大學是解決流浪教師問題，這樣過於畫上等號的政策規劃，實無法解決問題。也就是說，師範校院在短期間要減少二分之一學生修習其他類科，行政院才擬讓師範校院轉型為教育大學，這作為在教育政策規劃僅做一半而已，師範校院的師生更

期待轉型後的下一步，當局也應規劃好，否則將衍生更多問題。

拾參、流浪大學教師將顯現

　　2005 年 5、6 月的國中小流浪教師議題不斷，據了解仍有五萬名流浪教師，在民間抗議之下，政府無法提供減少班級學生人數、增加老師編制，教育部為解決流浪教師來源，將 2005 年大學校院的師資培育機構的學士後師資班全數刪除，同時也考量未來將對各大學的教育學程培育師資名額逐步刪除。各大學師資班申請培育名額預計約有五千名。這消息聽來，一則憂，一則喜。

　　喜的是未來流浪教師人數將會減少，憂的是未來七十所大學校院教育學程教授，可能面臨失業、轉業，以及流浪的大學老師將出現的問題。因為教育部無預警的將培育師資名額全數取消，對師資培育機構以及各大學教育學程會是嚴重打擊。

　　如果以一個教育學程中心須有四位專任教授編制來看，全台灣在這些機構的教授將有二百八十位。這些教育學程教授大都僅以教育類科為專長，並沒有理工、法學、社會及生物或科技類科背景（即第二專長），因此要在短時間內讓學校配課給這些老師會有問題，也就是說，短時間內這些老師無法教授不同領域課程，同時如果勉強授課，也會影響學生學習品質及知識專業程度發揮。換句話說，大學校院在 2005 年暑假之後，教育學程教授要面臨失業、流浪、轉業或在大學中學非所長，無法任教問題。如果大學校院及教育當局沒有妥善因應，這會造成大學教授人力閒置與大學教授成為流浪教師的另一群。

　　其實，教育部這種無預警取消大學校院師資培育機構培育師

資，並未告知，也未能對後續效應提出配套及因應，這貿然作法將引發各種骨牌效應。第一，大學老師失業、人力閒置如前所述。第二，除了人力閒置之外，教育學程中心不僅只有私立學校，公立大學也很多，這對已聘入公立機構者，要讓他走路是件困難事，因為這些老師並沒有犯錯。而對私立大學老師可能更為不公平，因為不可以僅優厚公立，而對私立有差別待遇，否則私立大學教授也會抗爭。第三，大學教育資源嚴重浪費，因為沒有學生修課，先前學校所購置的教學設備將無用武之地。第四，更為嚴重的是，教育部在過去一再說要以競爭性培養中小學老師，但如果這樣完全取消師資培育，對未來中小學師資素質提升將會有不利效果。因為要培養一位好老師不是今日說，明日就會有，如果教育部沒有將眼光放遠，前瞻未來，師資培育將面臨嚴重斷層的問題。

流浪教師問題，與其說是少子化人口結構轉變所致，或「準教師」對生涯規劃未能明確判斷所形成，倒不如說是教育當局在師資培育多元化政策面過於草率所致，就如同 1994 年當局並沒有衡酌社會環境、大學培育量、學生需求及學齡人口變化，廣開師資培育機構，又沒有適時的監督與評鑑，才會造成師資供需失衡問題。而今，教育當局可能是「一日被蛇咬，十年怕草繩」，因為流浪教師問題，完全封殺未來師資培育名額。這種對師資培育太過與不及都令人擔憂。

時下是價值多元社會，當局也一再強調是「證照時代」、「能力見長的年代」，如果是這樣，就應培養時下青年有多一份證照（教師證書）的觀念，但是否能擔任教職就憑個人競爭能力及機運，而不是一味的封殺學程名額培育。換言之，如果大學校院能夠提供教育類科師資、經費、環境、設備、實驗器材與相關條件給學生做第二專長學習，提供另一份教師證照，不也是一種很好的發展

與思考方向嗎？所以如果大學生都能了解這是一份證照，未必是「一畢業就保證就業」的觀念，讓學生接受這是社會常態，而不再是傳統教育對學生就業的完全保障，不也是一種很好的思考方向？

　　總之，我們都了解教育當局政策、準教師生涯判斷、師資培育機構對流浪教師問題都有責任，但在教育部 2005 年無預警的取消教育學程之後，也將有「流浪的大學老師」產生，這是未來社會及國家人力資本浪費最大的隱憂。是故，目前檢討流浪教師問題，其背後應檢討後續的骨牌效應為何，才是關鍵所在。

拾肆、老師，您快樂嗎？

　　近幾年來的教師節，相信有多數的教師都感到相當苦悶、鬱卒、身心疲乏，對未來教育感到無奈與失望。尤其近年九年一貫課程政策搖擺、十萬名流浪教師找不到工作，以及要退休者無法退休，因而感到教師地位下滑。過去天地君親師的尊重已不如從前。

　　師資培育多元化已有十年，十年來師資培育法已修改十多次，已經將師資培育制度改得面目全非、遍體鱗傷。過去一元培育說是師資壟斷、師資公賣店、師資培育僵化，因而改多元、由公費改為公自費並行、再由公自費並行到完全自費。目前更需要經過教師檢定考試才可取得教師資格，但檢定重視筆試，又形成了「一元化檢定方式」，這對師資培育無疑又是自打嘴巴。吾人不禁要問：多元化師資培育究竟能否提高教師素質？因為過去以來沒有實證研究與追蹤調查，所以尚未顯現師資培育多元是否較好的成果出來。但可確定的是，其他師資培育機構或學士後教育學分班的師資培育，多數同學存有打帶跑、多一份「教師證照」加持的心態，使得師資培

育問題更為複雜，流浪教師與日俱增。

其實，問題出在師範校院內在組織變革壓力與外在威脅。就內在壓力而言，師範校院自 1987 年改制學院來，就無法升格為綜合大學，反觀各專科學校，改制技術學院，又改制科技大學。有的兩年內由專科搖身一變為綜合科技大學，而師範校院僅能乾瞪眼，處於劣勢，僅遵照當局路線繼續盲目往前走。因此過去近二十年來，在學校規模小、格局不大、經費有限、教師研究生產力不高、可對外經營本錢不夠、學生公費遭取消困境下，師範校院可說已成為傳統的「雜貨店」做小本經營生意，當然學生素質逐年下降。說穿了就是競爭力下降，對培育中小學教師搖籃，未能給與資源與轉型是一大打擊，這對台灣未來主要中小學培養優秀教師產生衝擊。

就外在壓力而言，各大學學士後師資班每年都增加學生人數，且各大專校院為了生存，紛紛成立師資培育中心加入師資培育戰場。這些學校存著「百貨公司」的經營理念，大力增加他們的賣點及可以生存經營的能力與競爭條件，也就是說除了各式各樣貨品（學系、類科或組別）之外，學校更賣有可以擔任教師的「教育學分」。因此，他們提供學生可滿足需求的貨品，相較師範校院學生更有「一技之長」，能在未來職場上獲得青睞。

以國家整體師資培育角度考量前述現象，台灣未來教師素質下降是必然現象。表面上，師資培育多元化之後，好似有各憑本事、優勝劣敗的競爭效果，表面上是競爭，看來可提高師資素質，但實質上並不然。非師範校院體制者，僅以二十多個教育學分、半年教育實習，對整個教職認同及教師精神涵泳可能較為不足。多半學生僅為了有寒暑假、不必課稅、有一份教職作為工作目標、或許在鄉里間可有更高的社會地位。就師範校院而言，沒有公費誘因，每年入學學生素質逐年下降，加以四年學習師範校院課程，沒找到教

職，又無第二專長，使得師範校院的學生前途茫茫，這是眾所皆知的。因此在職前教育階段，對自己未來是否擔任教職，以及能否擔任好教師角色，已充滿著種種疑問，縱使師資培育機構的老師苦口婆心循循善誘學生往教職前進，但學生對於未來教職缺額不確定與僧多粥少，使得學生內心百感交集。這種疑問一直存在師範校院學生心中，在職前教育未受重視，如何培養優良師資，不無疑問。

　　但是，社會對教師的期許既期待又要求，這給身為教師者莫大壓力。面對這一波波內外壓力，師資培育政策紛雜，師資培育又無評鑑制度，這表示師資培育素質下降，同時十年來師資培育法修改十來次，更顯示政府在師資政策搖擺及不確定，因此，教師的無奈及失望其來有自。

　　總之，我們應好好思考究竟這十年來的師資培育政策改變，是比過去師資素質來得高，抑或僅是披著多元化的狼皮，卻使教師素質下降，而使得好的適合擔任教師者卻步，如果是這樣，我們對於未來一代的教師深感憂心，因為未來的主人翁就操在他們的手中。如果沒有適時調整我們的師資培育政策，我們的教師將更不快樂。

附
錄

新制師資培育政策問題訪談——將受試者建議事項整理如下：

1. 不了解教育部委託外部單位進行規劃前，是否已將所有政策方向確立執行目標，還是邊做邊改。另外，教師比照專技人員，但專技人員未取得資格可從事其他工作，教師檢定未取得資格，則無法有相同的處境，此政策的執行者是否了解（5：代表受試者編號，以下同）。

2. 將會考試領導教學，合理嗎？又會考試等於會教學嗎？（10）

3. 靠這些教育官員閉門造車，台灣的教育前途堪憂。（25）

4. 新制師資培育仍未明瞭，例如考試形態與次數，讓我們十分擔憂。我們不曉得自己的未來會在哪裡。（31）

5. 實行一個未成熟制度，對社會大眾、學生、教師、學校皆危險。（34）

6. 今日教師問題在教師名額不足，為何不足？因為想退休者無法退，而不是教師資格檢定問題。我們考進師資班已通過層層關卡，也念過大學，為何還要再進行教師檢定呢？這種情形會影響我們修課。難道教師檢定真的可以培養出好教師嗎？競爭下學習，有多少人真的會想到學生？這樣的培育過程令人擔憂。（35）

7. 教育部不應因為教師已飽和，又訂定新制度來針對未取得教師資格者，尤其制度與配套措施都不完善即上路，這罔顧師資班的學生權利。明年（2004 年）教師資格檢定到底要開放給誰考呢？（36）

8. 因實習半年，分兩梯次，又因考試於 3 月左右舉行，對於第二梯次的實習生，必須空出半年才能參加教師檢定，希望一年能有兩次教師檢定。（37）

9. 我贊成教師資格檢定考試，可以淘汰素質不高者，但希望實習仍維持一年，讓我們有更多的實際教學經驗。（38）

10. 新制只是教育部為減少經費支出與增加稅收的手段，另外只有半年的實習並不能學到教學經驗，相對的，會減少目前的師資戰鬥力。（39）

11. 我們是第一屆實施新制學生，可是教育部對整個政策都不完整，便急著要實施，對我們並不太公平。為什麼我們不能比照今年（2003年）大四學生一樣，以舊制進行實習呢？（40）

12. 教育實習可增加政府收入，一年津貼轉成半年可少掉可觀支出，為何政府決定連半年實習津貼都沒有，再把教育實習視為學生定位，是想讓念四年的大學生多浪費半年，也要交四個學分費。雖然政府窮，但實不應對新制學生如此。此外，教師檢定方式的確可提升教師素質，但目的也應為此，並非淘汰部分的教師，造成更多的流浪教師，像目前教師檢定的科目，如果細部數一數也有十二科，各科廣泛無邊際，實為目前師資班學生的沉重負擔，建議應以題庫的方式檢定教師。再者一年一次的考試，要求其中較早結束實習的教師等半年再考，實在太不合理，也對一實習完沒時間準備就赴考的教師不公平。（43）

13. 執行新制的過渡期，不應同時有雙軌並行，這樣對師資班不公平。（44）

14. 為什麼教師檢定不考英語？對英語師資班的教師公平嗎？未來又如何檢定英語教師的能力呢？（45）

15. 教師檢定考試似乎對學生實習完後的能力不承認與不信任，否則為何要再進行教師檢定？如果教師檢定是針對持國外學歷者，為何本國學歷也懷疑？（46）

16. 雖然理智上認為教師檢定是合理，但實際上卻希望不要考，大家都好不容易進入師資班，又要面臨一場淘汰及篩選，教師之路倍感艱

辛。到底什麼樣的培育制度對我們是最好的，很希望教育部站在我們的立場為我們省思，不要辜負我們對教育的熱愛。（52）

17. 師資檢定應設定成績及格通過制，非名額限制或配置百分比制。（54）

18. 就教育部而言，政策未定就倉卒執行，讓人無所依歸，使我們權益受損。就實習半年而言，半年對我們來說是一知半解，學校以一學年為一循環，實習上半年，下半年活動都參與不到；實習下半年，上半年流程又不熟悉，縮短時間以為好，可為教師檢定準備提升素質，但教師教學能力與學生相處是教師檢定看不出來的，想要提升教師素質，可靠研習相互配合學習等方式進行，就連現在國小評量都採過程評量，並不一定要成績好才是最棒。（57）

19. 我覺得新舊制差異太大，新制好像是為淘汰學生有為淘汰而淘汰的感覺；建議教育部官員在制定政策時應以「同理心」感受我們這屆新制師資培育班學生的困擾。（58）

20. 教育部和相關作業並未配合就執行，是很危險的事。（59）

21. 我堅決反對檢定制。因為(1)用考試決定一個老師適用與否是不適合的。(2)雖然四大科院都有開，但上過課並不一定懂得考試方向，會導致考試領導教學。(3)補習班會更興隆。(4)比起大學部學生，我們有絕對的熱忱與渴望投身教職，為何我們受到處處為難？（61）

22. 教育部既讓師資培育機構培育就嚴格把關，而非亡羊補牢，用教師檢定方式，並不是智慧之舉。（64）

23. 師資檢定制採多元性評量，學生都有多元入學，師資也宜跟進。（77）

24. 教育實習僅要半年就有行政與教學經驗，但對已有多年代課教師經驗者，實習半年要交四個學分費，又不能有實習津貼，對家境不好且有經濟壓力以及有教學經驗者，是不人道的方式，浪費金錢及時間。因此教育部對新制仍應有代課抵實習的機會與制度，畢竟實習的目的是希望能了解如何教學，來日方長，成為正式教師之後有更多時間學習。（79）

25. 教育是百年大計，但教育部對過多教師並無法真正有效規劃。若只想將教師檢定作為一種門檻，而非真正用心想篩選真正適合任教者，那麼如何多元師資或再多考試，都很難找出適當教師擔任教職。我覺得理論人人會背，但教師人格特質或精神狀況是考試很難測量到的。（81）

26. 只晚一年進入師資班，就要參加教師檢定考試，還要交四個學分費很不合理。政策應循序漸進，而不是沒有全盤考量就實施。（83）

27. 教師檢定不代表能篩選出好教師，會考試並不一定會教學或適任教職。（85）

28. 相信世界上沒有一個幫政府做事拿不到薪資的國家，難道實習教師只是學習，而不是真正在為教育盡份心力嗎？政府官員如果半年拿不到薪資，心情會如何？「己所不欲，勿施於人」，不是選擇這條路就要該死。（88）

29. 師資政策培育搖擺不定，說是要提升師資素質為美意，如果只針對新任師資培育不斷限制，而不同時檢討舊制與現有師資，對老師士氣有不當影響。（89）

30. 針對教師需求量來培育師資，而並不一定要以教師檢定方式把關。（96）

31. 教育部政策搖擺不定，所有教師素質提升政策都只增加新進教師門檻，對現任問題教師、教育問題並沒有實質改善。要做任何改革之前，若不能貫徹到底，整天只知道朝令夕改，苦的只有學生與老師，所以我個人認為一切要自求多福。（97）

32. 個人對新制教師資格檢定能否培養出更優秀的教師抱持質疑態度，而實習半年後，接下來半年空窗期更不知道教育部規劃為何。（100）

33. 對教師資格檢定內容模糊不清，每年只考一次似乎不合理。因為每人選擇實習時間無強制性，希望能有更完整、詳細的資訊提供我們參考，畢竟白老鼠也有知的權利。（103）

34. 建議將已有代課多年經驗的教師，列入是否要參加實習考量，我們願意虛心學習，但既已能代理教師執行全班教學與參與校務活動，那麼新制半年實習對已有代課經驗者，究竟意義何在？（104）

35. 師資培育政策總是讓人覺得不很確定，不知所措，師資若供過於求，是否不應再廣設師資班與師資培育機構。而且政策不能總是因為有人抗議就改變，政策應真正適切才執行。（105）

36. 建議教育實習應由學生自由選擇時間，以免浪費資源。（108）

37. 除非實習確能落實，而非淪為打雜義工，否則津貼全免又要繳四個學分費，實在太不合理了，這造成半年完全失去生活能力。（109）

38. 期待新制度能挑選出適任教師，教師檢定方向好，但內容──考科仍可修改。尤其教師檢定科目應包括教育實習。（111）

39. 我贊成取消實習制度，目前實習制度已經失去當初設立的目的，新制又將實習老師身分貶低一層，到學校去僅打雜工。此外不管是教學經驗或是行政經驗都是得靠長時間的累積，短期的實習對經驗的累積助益不大。（113）

40. 在學費部分，師範校院學生不應負擔，因為它在教育課程內，而其他加修教育學程的普通大學學生才應負擔。（114）

41. 新制有檢定較好，至少可以辨識出到底適不適任教職，但新制的實習卻是扮演學生角色，我認為沒有幫助，坐在台下聽課，不如讓實習生試著實際教學，且實習制度就是要提供機會教學。現在要交學費，又可能得不到效果，似不合理。（116）

42. 我覺得教育實習很重要，應維持舊制的一年方式，且有津貼與不用繳四個學分費，然後增加教師檢定即可。（118）

43. 教師檢定若全部申論題，零分標準很難認定，欠公允。若申論題與選擇題各半可能會更客觀些。（122）

44. 新制不一定可提高教師素質，實習又要繳學分費，付出成本明顯高

於舊制，多收經費，但又沒有更好效果，教育部規劃不合理。（123）

45. 對於新制教師法，我認為有欠缺之處：⑴法規尚未訂定清楚就貿然實施，實習學校對我們這批新白老鼠，也不知如何處置吧！⑵對於教師素質能否提升有所存疑（為通過檢定考，選課時必有考量，對於教學經驗的學習有限）。⑶實習改為半年，且無津貼，試問實習完後的半年，要我們這些人何去何從？⑷教育部應考量教師名額不足問題，而不是製造更多流浪教師。（131）

46. 關於新制師資培育，我認為它在 2003 年 7 月 27 日師資職前學分班考後才公布，即 2003 年 7 月 31 日，而在 8 月 1 日就實施不公平，應該有法規執行的宣導期，連塑膠袋政策都有宣導期。這樣政策太草率，而且配套措施太差。另外從法律觀點來看，法律不溯及既往，新制應從 2004 年 8 月 1 日師資職前學分班入學學生適用才對。（135）

■ 本章討論問題

一、目前師資培育政策有哪些問題？可否舉出幾個較嚴重者？

二、流浪老師的問題根源何在？可否明確指出來？

三、中小學超額老師問題是從何而來？您如果是教育部長，會如何解決此問題？

四、您對教職私相授受，即假若與您同樣參加教師甄試，結果您考上，另一位未考上，但他願意以數十萬元代價購買您考取的教職資格，您會接受嗎？

五、您覺得老師應該組工會嗎？為什麼？

六、如果老師組工會之後，會有何問題及現象產生？

七、您覺得新制的師資培育制度中，有教師資格檢定一關，有何問題存在？

八、您覺得教師分級制合不合理？

九、您覺得將師範學院改制教育大學就可以解決師資培育的問題嗎？為什麼？

十、您認為現在的師資培育政策有哪些值得調整的方向？可否列舉出來討論？

第五章

課程與教學議題

壹、九年一貫課程政策隱憂

自 2001 年教育部公布實施九年一貫課程綱要政策以來，各方評價不高。因而基層老師對課程支持度與配合度低，就政策觀點而言，這是隱憂。

九年一貫課程政策問題在於幾項：第一，課程規劃完成後並沒有小規模試驗以了解執行後效果，未能試驗與檢定預期效果為一大缺失。第二，九年一貫課程政策執行多年，但教育部卻未進行任何政策評估效果或影響評估，來了解執行後的相關問題，以作為調整課程政策依據，這讓人頗為擔心。第三，該課程提出十大目標與七大領域，但目標都太過主觀、籠統、抽象、沒有系統、哲學式思考、不易實施且不切實際，而七個領域又沒有顧及現況，無法獲得社會認同。第四，此政策執行前，並未與基層教師、校長、學生與家長充分溝通，所以政策與民間認知差距很大。這種認知及政策差距是政策無法執行的主因。第五，九年一貫課程並沒有讓學生更快樂學習，反倒是學生學習的教科書增加與壓力增加。最後，語文領域的鄉土語言教學太過強調台語學習，未能完整兼顧其他族群語言學習，造成課程意識形態與政治角力（例如閩南語對客家語、原住民語），不僅學生學習有困難，同時教師進行教學也有困難。

會有前述問題主要是課程政策形成太過倉卒、急就章、理想化、樂觀化與哲學化，更重要的是政府沒有經過嚴謹分析與現實評估，才造成課程理想與現實差距過大，讓學生無法接受、老師不願配合、家長無法認同、行政人員無奈的情境。眾所皆知，課程是一個國家文化的經驗縮影，好的課程政策在眾多且繁瑣的國家發展經

驗與文化之中，選擇、設計、組織、統整、發展、實施並不容易，
而九年一貫就在短短時間內完成政策規劃，配套措施又不完備，且
也未與師生充分溝通，所以造成課程政策理想束之高閣。

　　其實，目前最需要的任務是，教育部該積極進行九年一貫課程
政策執行評估，了解這些年來執行之後是否已達到政策預期目標
（例如學生壓力減輕、課本減少、能力增加、學生快樂且樂於學
習），以作為未來課程政策的調整與延續參考，否則這種「走一步
算一步的鴕鳥政策執行方式」頗讓社會擔憂。因為不適當或不適切
的教育政策會讓學生能力下降，整體而言，學生畢業後在社會上的
表現更會降低素質，未來台灣更沒有競爭力。

　　再者，九年一貫課程如真的有執行困難，更應好好從這些問題
去思考，究竟未來是否還要繼續執行九年一貫課程？如果不延續此
政策，教育部更應積極提出因應對策才是，否則幾年之後，家長、
教師及學生嚴重唾棄九年一貫課程政策，教育部才在匆忙且短暫期
限下，提出新課程政策，而此新課程政策又在沒有嚴謹評估、試驗
及檢驗下，就要求中小學配合執行，到頭來又與目前九年一貫課程
問題一樣，這豈不是惡性循環？

　　因此，教育機關除了應積極評估現有課程政策之外，更重要的
是應思考台灣的國民中小學未來究應採取何種課程政策？易言之，
目前應積極思考如何規劃出好的課程政策與方向，以備未來課程政
策執行需求。這也是教育政策很重要的觀念——「當政策開始執行
之後，就是積極規劃下一個政策的開始」。因為教育環境複雜與問
題不易掌握，如單靠一項課程政策來解決所有課程問題，是不可能
的。

　　總之，目前九年一貫課程政策所面臨的問題，以及是否仍要執
行此課程政策，或究竟此課程政策執行期程有多久？社會各界都期

盼教育部有積極回應。更重要的是，社會各界更想了解政策執行效益多寡？有無如預期？如果不如預期好，教育部應如何面對？簡言之，教育部對此政策執行之後，應不斷評估，以作為延續或調整或廢止之參考，否則盲目接受九年一貫政策，教師將無法在教學中獲得專業肯定，學生學習也不會快樂，不是嗎？

貳、九年一貫課程的基測問題

2005 年 5 月是第一屆九年一貫課程的三十多萬名畢業生參加基測。而這次基測，師生、家長均憂心不已，主因是 2005 年應試生面對新課程試題，師生摸不著頭緒、學生不安，一綱多本使得考題難測、題型難料，組距不公布、難易度不好捉摸，考試不易準備，所以新課程困擾師生。

首先，學生數學學習程度落差太大。教育部專案小組 2005 年 4 月坦誠指出，九年一貫課程第一屆國中畢業生有八個單元與高中課程銜接出現嚴重落差。這落差不僅影響到基測表現，也影響進入高中的學習狀況。

其次，英語教學年級與程度不一的雙峰現象嚴重。這問題在多年前已產生，只是目前更為嚴重。新課程讓英文教學在小三實施，但很多明星學校自國小一年級就開始進行。加上台灣教育資源城鄉差異大，英語教學早有雙峰現象，過去幾年基測結果更驗證如此。加上英語教學一國多制，造成學生學習成效不一，這將影響學生參加基測表現。因此，可能讓學生在語文學習造成嚴重差距。這種差距一方面來自教育資源落差，一方面來自教育主管機關對英文授課年級無法確實掌握，所以有些學校小一即開始，有些則是小三才開

始,起跑點不一,造成國中生學習效果不一,這在基測表現當然就會有差異,所以家長與師生頗憂心。

第三,新課程不減升學壓力,反而助長補習風氣,這是眾所皆知。九年一貫課程減化學習內容、學習深度變淺,學生為升學,反而進入補習班補習。因為一綱多本,學生為了進明星學校,掌握其他版本內容才易考好基測進入名校,所以進補習班是常事,這問題在過去三年已層出不窮。英文科如此,數學、物理與化學更是如此。

第四,鄉土教材過度意識形態與不當社會化,造成校園的政治角力。新課程強調本土教育,但本土教育卻以鄉土語言、鄉土教材為重,它旨在重視周遭環境,實施以來,意識形態課程、鄉土課程時間分配、考試方式及學習版本,乃至師資供需及素質都產生問題。在執行過程常聽到學校因鄉土課程有政治角力產生,主因是要求學生學習母語方式及時間配置產生矛盾。更重要的是,執政黨以愛台灣的神主牌來要求學生認識鄉土教育,這無疑對學生不當社會化。語言學習是自然的事,家中與課後休息時間都可學習,如刻意要求學生學習,反倒是有反效果。

總之,2005 年參加基測的國三畢業生是教育機關的白老鼠,如新課程無法解決前述問題,以學測分發學生,這課程有無,並沒有太多的政策目的。不是嗎?

參、意識形態的課程

2004 年 10 月高中歷史課程規劃產生意識形態之爭。一是規劃高中歷史在台灣的法律定位,擬將舊金山和約及中日和約納入課程,並將開羅宣言取得台灣地位之說取消。二是,先前教育部更指

出台灣、中國與世界內容各占三分之一，都讓社會有疑慮。

　　何種知識最有價值，是課程規劃重要原則。其說法強調課程是社會文化縮影，學校為讓教師在有限時間完成教學，並達到學生學習效果與教學目標，因此，濃縮社會文化，整理、組織與選擇適切的社會文化（或核心文化），作為學生學習的課程，才是我們所需，而不是意識形態課程與政黨課程內容。

　　以教育工作者觀點而言，與其爭論高中歷史要以舊金山和約取代開羅宣言，或是台灣、中國史究竟應有多少篇幅內容的意識形態之爭，不如好好思考高中的歷史教育，乃至於各級學校教育究竟要傳達何種價值、何種歷史標準，以及究應傳達何種歷史內容、觀念、知識給學生？究竟學校的歷史教育目的何在？是要培養具有世界史觀、歷史知識的學生，抑是培養一位僅有意識形態的學生？

　　課程內容規劃應考量學生需求、知識體系、知識一貫性、價值性、完整性、整體環境與學習銜接，而不是為某特定意識形態及政黨進行黨化教育與洗腦工具，否則以「何種知識最具價值」的課程觀念，將轉變為因執政者與政黨而異的「誰的知識最重要」的命題。如為後者，台灣的學生將會不斷形成一批批白老鼠，因政黨不斷的輪替而改變學習內容，老師教學將更加困擾，因為歷史知識一再改變，學生無所適從，這對學生更是很大傷害。

　　因此，讓適當的、不為黨化及意識形態所設計的課程內容，深入學生心中，轉化為知識，再轉化為行動，才是歷史教學，乃至學校及社會所需。就如過去國民黨以「大一統的中國」、「消滅共匪」、「萬惡共匪」、「大中國意識」的課程已無法為人所接受，這就是黨化課程所致。所以，吾人應掌握課程所代表的最基本的核心價值，就是提供最普遍與最重要的文化給學生，並讓學生學習之後，了解課程內容的重要價值。當然，要列入課程內容先決條件，

是讓社會所有成員可以進行「政策辯論」與「課程辯論」，最後才讓共有的文化、規範、價值及習慣都有被選擇、組織及統整於課程的機會，如此才符合課程規劃前提，否則就是「一言堂課程」、「政黨課程」，這也就是我們要拋開意識形態之爭的課程內容規劃。

其實，自 2000 年新政府執政以來，對高中歷史課程或其他教育課程規劃都以政治角力、政治口水、試圖引爆本土與外來、藍綠對決等旨在撕裂族群和諧，並改變學生學習內容。就如 2004 年 11 月教育部為顧及內容平衡、安撫社會大眾，表面避免政黨意識形態之爭，在高中歷史內容的規劃有三分之一定調，另外為了讓「獨派人士」擁有無限上綱機會，才有舊金山和約取代開羅宣言，這無疑是畫餅充飢。就課程規劃內涵而言，此作法是一廂情願，未顧慮學生需求、知識傳達、知識體系完整，以及讓社會大眾公評等。如果缺乏這基礎的課程規劃，其課程合理性就已喪失。

如僅為了符合意識形態，一味以「政黨利益」與意識形態的角度設計課程，到頭來學生學習的內容乏味、枯燥、課程又零碎與片段，才是問題。所以僅以篇幅求形式、注重政黨考量，未顧及學習過程的內容價值、學生學習需求或知識體系完整性，如此設計，說穿了是無意義的課程規劃，更可能落入政治角力決定課程內容的不當干預說法。當然高中歷史課程的台灣定位說，中小學課程是否也應如此呢？因為它涉及課程前後銜接與統整問題，並非僅限高中歷史而已。

再如台灣、中國與世界史的三分之一內容規劃方向來說，是依台灣、中國與世界史的史實重要性、知識連貫性、合理性作為切割？抑或以圖表、文字、註解、主題、內容比重、史實或歷史價值作為篇幅考量？也就是說，僅以形式、頁數或篇幅，還是實質內容、課程價值或知識內容呢？如僅為了求得課程篇幅平衡與洗腦式

的意識形態課程，卻無法傳達社會所共有且正確的知識，此課程內容就不符合學生需求及社會價值。

總之，過去大中國情結、以大陸作為假想國界、萬惡共匪作為課程主軸頗受批評是應檢討，但現在民進黨仍太過以「台灣本土化意識」、去中國化、切除與中國文化關係臍帶說詞，來激化國民進行課程內容改變，但卻失去與世界接軌、國際觀、國際化，更重要的是失去與國際社群平衡的對話平台重要媒介。如此太過一言堂、意識形態的課程更是不妥，因為課程規劃過程在題材、分量、內容、價值、真正史事的選材，旨在傳達正確觀念給學生，而非給與更多的意識形態知識及不當內容，這才是教育真正的目的。

肆、意識形態的課程規劃

2004 年 11 月教育部對高中歷史課程與國文課程規劃頗受各界爭議。這爭議有違教育中立原則，因為課程已成為政治角力的舞台，尤其這一波課程規劃更違反課程設計原理與學生需要。

課程是具政治性與角力過程，課程內容應如何選材、課程內容應如何組織、課程內容應如何統整及落實到第一線教師教學之中，除有教育專業人士、老師參與之外，更重要的是應進行「政策辯論」與「課程辯論」。透過民主、公開、專業及合理的辯論，再由專業人士選擇所要編寫的內容較為妥當，否則就成為「某政黨的教育部」所規劃的「一言堂課程」、「政黨課程」。易言之，單方面將國文與歷史課程均用政治角力、片面、零碎、政黨、個人理念，使全國學生因而在學習的內容上有所改變，就喪失學生需求、知識傳達、知識體系合理性。這樣的課程就不再是合理、正當及合法性

的課程，更不是專業課程，也不是學生所需要的課程。

我們肯定杜正勝部長研究歷史，但部長不是高中歷史課程與國文課程綱要專案小組成員，如未遵循專業決定，而僅以部長一人的意念、理念、價值觀主導教育政策決定，這違反教育政策中立核心價值，又何必成立「課程規劃小組」呢？是否部長答應如何編寫就可以了呢？就如歷史課程規劃，杜部長聲稱「開羅宣言法律位階低於舊金山和約」的說法企圖顯示台灣主權，但這說法卻引發社會公議，如單以一家之言、一人之說、部長言論就取代過去史實，有違教育與歷史中立性、客觀性、合理性、合法性與專業性價值。因此，教育部應尊重專業，並回歸國文與歷史真正價值及學生學習權益才是。當然，歷史課程如此，鄉土教育課程與其他課程更應如此。

另外，高中國文與歷史教育內容究應如何規劃？這一波「教育部長言論」與「課程專業小組」對立，做出不良示範，對原本單純的課程設計、選材，以及要提升國民水準的共同目標蒙上學生無法安心學習的陰影。因為台灣是民主國家，政黨輪替可能很快，但教育部長異動在過去幾年更快。如果每任教育部長都對課程不滿，依據個人喜好進行調整，這豈不讓師生無所適從？學生學習內容一變再變，究竟學生日後能否銜接、統整及學習後來課程，此問題將會更嚴重。

身為教育工作者，擔心近一波課程規劃如未符合正確的「歷史所應具有的史觀」，以及未具專業價值的「國語文課程選材」，這將對學生有「思想改造」意圖。眾所皆知，教育的普世價值不應涉及國家認同的混淆與意識形態對立與衝突。否則，課程將成為統治者改造學生心靈及作為黨化教育的工具，更會讓學校教育成為政治操縱工具，對學生洗腦及不合理的控制事件將會層出不窮，不但對學校教育、學生學習與學術傷害很大，對學生身心、家長更造成恐

慌，社會國家認同出現更大危機。這就無法達成教育社會化的目標。

　　還是要語重心長的指出：「何種知識最有價值？」為課程規劃重要原則。雖然台灣過去課程操縱在國立編譯館頗有爭議，但課程規劃仍遵守專業、學生學習需求及知識連貫性，但今日課程規劃不禁讓人想到是打著本土化、鄉土化、愛台灣的口號的意識形態在左右課程設計，在未尊重專業的前提下，課程成為政客、政黨及有心人士作為政治操作的工具，它更淪為為了遂行部分人士的政治圖謀，而隨意竄改課程內容，這對政黨容易輪替的民主國家而言，學生可能會成為「白老鼠中的白老鼠」。

　　期待教育部應以「何種知識最有價值？」的課程設計原則進行規劃，並在專業、民主及合法性規劃前提下，由專業人士選擇及組織課程，讓學生學到所要的課程，而不是政黨與個人意識形態的「誰的知識最重要」的課程。

　　為了避免政府操弄、控制教育與課程，形成政府與國民及學生對立衝突，當局不宜提出殺傷族群和諧的課程規劃方式獲取政治利益。期待回歸課程專業、教育中立、課程單純與讓學生學習不被政黨所操弄為原則，最後讓學生在合理及國家認同下成長與學習才是正途。

伍、何種與誰的知識最有價值？

　　2005 年 3 月教育部規劃高中歷史在台灣、中國與世界內容各三分之一，為何各三分之一呢？有何理論依據？或僅是教育部官員說法呢？這都讓社會有疑慮。

　　「何種知識最有價值？」是哲人 Spencer 於 1859 年提出的課程

規劃重要原則。其說法強調課程為社會文化縮影，學校為讓教師在有限時間完成教學，並達到學生學習效果與教師的教學目標。說穿了是讓課程內容深入學生心中，轉化為知識，再轉化為行動。在這前提下，吾人應掌握課程所代表的最基本與核心價值，就是提供最普遍與最重要的文化給學習者，並讓學習者學習之後，了解課程內容的重要與其價值。然而，如要落實課程內容，先決條件是讓社會所有成員共有的文化、規範、價值及習慣都能有被選擇、組織及統整於課程的機會，如此才符合課程規劃最基本前提。

課程是社會文化的縮影，也是一種法定的學習知識。社會文化很多，國家為了傳承社會的文化，統治機關或政府透過專家學者經驗與學理，將社會不同的文化進行選擇、組織、統整及分配於各年齡層的教育程度之中。

一般說來，文化類型包括核心文化（主流文化）與次級文化、普遍文化與特殊文化。所謂核心文化是一個社會中最能代表該社會的主要現象。次級文化是在主流文化中的附屬文化，次級文化的功能並不一定就低於主流文化，所以對於次級文化的重視，往往也是課程設計的重要考量。而普遍文化是在社會都可以見到的社會現象，它可以讓社會大眾無時不刻感受到該文化，而特殊文化是在特定族群、特定地區或時間所形成的文化，這種文化無法讓所有國民擁有，也無法存在於所有國民生活之中。

因為文化層面包括多元，所以課程專家要能將好的文化、適合學生學習的文化轉換為不同學習者可以學習的內容，需要用盡巧思。這也就是說，何種文化最重要？何種文化才可以納入課程之中。易言之，最重要的是對文化及課程進行研究，也就是應選取哪些文化作為學生學習內容。這種選擇社會文化過程，不可以僅憑個人主觀、統治者意見、政府單方面思考或專家學者一偏之見而選定

作為課程，相對的，應長時間對社會文化觀察及研究，最後選擇最適合的文化內容作為課程，才是課程設計的好方式。

　　然而，如果仔細觀察九年一貫課程的形成，在幾位學者專家提出個人意見，並在短時間就進行撰擬課程綱要，而政府更在短時間內就將此綱要付之執行。形成過程並未長期對社會文化分析，也未對新一代國民究竟應具備何種能力條件進行研究分析，僅憑少數人所提出的哲學式教條、口號式課程目標，就形成了課程。這對學生學習是危機，因為這課程是否能轉換為可教學內容是有爭議的。

　　而在當下教育部規劃高中歷史課程，又突兀的以台灣、中國與世界的內容各三分之一，就更為主觀，這種三分之一比例究竟有何根據？所以在此事件中，更可以看出課程的決定是具有政治操作性。因為課程決定的背後，受到很多意識形態及利益團體所把持。

　　其實，從社會文化轉換到課程過程需要考量不同因素，才易達成課程目標。此因素包括：1.學習者心理成熟度；2.課程教學時數；3.不同學齡銜接；4.相同課程統整及平衡程度。

　　就第一項來說，幼兒、小學低年級、中年級、高年級，以及國中或高中職階段的教育，因為受到學生年齡的不同，在心理成熟度就不同。這也就是心理學家布魯納所提出學習者發展有具體表徵、形象表徵及符號表徵三階段，以及皮亞傑所提出的認知發展的四階段說（感覺動作期、前操作期、具體運思期與形式操作期），教學應以不同的學習階段提供適當的課程才是。也就是說，個體成熟度或準備度不一，應提供課程內容或難易度就不一。

　　就第二項來說，課程教學時數是決定課程應有多少分量的重要指標。通常在主要課程，例如語言、數學、基礎科學的教學分量較多，所以在課程設計上都應有較多的時數。本國語言時數較多，一方面主要在傳達國家基本文化，一方面在教導學生溝通、適應與表

達的基本能力。而對於外語能力上，主要是考量國際觀的學習。而對於輔助科目，例如體育、藝術、美勞、音樂、鄉土活動、輔導活動等，在課程設計較無法受到重視，因此教學時數的安排就較少。

就第三項來說，課程設計應顧及到不同教育層級的銜接。小學低年級的課程不可以單獨設計發展，它必須顧及到中年級及高年級，甚至國中階段與高中階段教育的學習。要做好課程銜接，就需要將各年級的課程內容做一詳細評估。評估的內容也就包括前述的不同年齡層學習者的學習成熟度、教師教學的難易度及地區的差異性。

就第四項來說，課程在相同年級的統整也是很重要。課程設計者對於同年級不同科目的學習內容宜避免重疊。如果課程重疊性過高不利於學生學習。不利的向度包括學生會有過度學習、學習將會造成厭煩、不利於不同層級課程的銜接學習，同時就某種程度也代表課程統整無法取得平衡。

總之，課程規劃應保持課程中立，不宜將政治意識形態、教育首長的個人意見或是單方面見解納入課程。同時課程設計應掌握核心的社會文化，考量影響課程規劃的因素，如此設計課程才具有客觀性。

陸、尊重專業與學生的學習權

對政府在 2004 年 11 月的歷史課程規劃幾種說法深感憂心。一者是因為對政府反覆不一的說法，身為教師的不知如何教導學生；再者未來學校教育，恐有更多政治角力及壓力影響教育中立，不免令人無法體會政府在教育基本法宣示教育應本中立，不受政黨影響

及干預立場。

　　教育部長杜正勝雖研究歷史，卻非高中歷史課程綱要專案小組成員，因此，教育部應尊重專業及歷史真正價值及學生的學習權益才是。

　　如依憲法規定，中華民國就是本國，所以，中華民國本來就是一個主權獨立的合法政體，絕不是民進黨依他們所謂的意識形態所形成、且所說的政府，更不是以政黨或考試委員可以私自認定的國名及國號的國家。看到目前學校教育目的及教育方向已讓學校老師要教一套，還要讓學生學習一套，實際生活又是另一套，在政治人物的角力下又有不同說詞，究竟我們的歷史、國家、國名及國父有多少套？面對這些紛擾，不但不利學生學習，也造成學生學習錯亂。

　　如果將爭議不休的史料放入教科書不妥，則編著歷史教科書者或史學家該如何詮釋這紛擾？未來歷史教科書審查者又依據何種標準？這都影響教育發展及學生視野，尤其無形的潛在課程影響更是大。

　　因此，對於執政黨的作法，身為教育工作者有以下幾點呼籲：

　　第一，政府應平心靜氣的呈現史實，而不能以個人、政黨，甚至選舉的利益來考量，因而把歷史教育的目的扭曲。因為歷史是一種真實現象的呈現，不是意識形態及政黨分化的工具。當青少年與學生在不成熟的學習心態下，一再讓政客進行試驗，這對他們日後的國家認同及愛護這個社會，將有很大困難。

　　第二，對於歷史教育或課程的編寫，政府當局應尊重專業。這種專業一方面是要讓公正、客觀及具有歷史專業素養的學者進行討論、規劃及研究。一方面是要讓基層的老師有更多的發言機會及空間，否則基層老師可能成為政治社會化的工具，這對老師及學術研究專業是嚴重打擊。

第三，政府當成立客觀研究史學的機制。一方面對有爭議史事及史料做考證，一方面也可對真正歷史教科書內容進行公平審查。因為我們擔心有御用學者出現，以及為個人利益而替具有意識形態的政黨進行政策辯護，所以為避免上述現象產生，國家應公平建立機制，如此才不會因為政黨輪替或因個人政治利益而改變歷史教育的真實性。

簡言之，為避免社會及學生對立，當局不宜再提出具殺傷族群和諧議題來獲取政治利益。就如前一陣子執政者才舉辦族群融合會議，一再說族群要和諧，近日又以這種手法來引發族群衝突。如果是兩面手法，將會讓歷史來審判這執政者，更讓國人看出政府是居心叵測。

柒、建構式教學問題

近年來，國民中小學常被提及的建構教學，已有很多教師反對，他們認為建構教學，並不一定適合於國民小學。其實中小學教學法是重要的教改，如果老師教法正確，就可以讓學生學習有興趣，但建構教學，並不適合大多數學生。

因為建構教學是不讓學生被動接受知識，或讓學生拷貝書本中的知識，教學特色是要讓學生在一個特定問題中，自己尋找出解決的答案、策略與方向。也就是說，建構教學哲學基礎是依據社會科學所強調的知識是不確定的、知識應建構在生活及學生自主學習之中。因此，它的教學有別於過去僅以老師講、學生聽及背課文方式。簡言之，教學是以學生為中心、以生活為重點，讓學生發揮討論、實驗、動手做有創意，而不以強行的灌輸及記憶方式。

　　看來建構教學有其價值，但它要發揮功能應注意學生特質及學生能力。也就是說，一種好的教學法能否發揮，應視學生年齡、學生學習心態能力，以及學生社群與外在環境，例如班級學生人數多寡與教師了解建構教學法與否而定。如國民小學就以建構教學進行數學科教學，一方面是國小學童在心理年齡尚未發展至一定階段，無法形成形式運思，學童比較是具象思考，要改讓學生運用抽象思考，並配合教師教學實有困難。除非教師以具象思考或講更多的實例方式進行教學。

　　再者，建構教學主要在於學生能力、觀念及智商須具有一定水準，例如語言表達、邏輯思考及與同儕合作關係或傾向較高智商者。有很好師生互動語言、作業學習任務互動，才可讓建構教學發揮功能。有好的理解能力與邏輯分析觀念，才能掌握建構過程意義。簡單的說，建構教學應配合學生學習能力的個別差異，同時應了解學生特性，才可讓建構教學法在學習及教學中發揮功能。尤其，建構教學要能發揮，教師應扮演適當角色，例如教師不再是知識傳播者，也不是問題解決者，而是學生資料提供者、問題諮詢者、指引學生的專業領導者。教師給與學生的是一種學習指引，不再是標準答案提供者。

　　建構教學主要困難如下：首先，教師能夠讓學生體會老師提供的課業及問題應與生活結合。其次，應讓學生了解自動自發學習、主動學習，以及學習不斷找問題及思考問題等。第三，應讓學生可在較為沒有競爭學習壓力下進行。第四，不要鼓勵學生機械式學習及記憶，因為學生不是一部影印機，也不是電腦，可以記憶所有學習內容。更重要的是要讓學生覺得自己的學習有很多缺點，應不斷提出好方案及好的解決策略。但這些現況在台灣的教學卻有困難。就如課程內容很難與生活配合、升學考試重視學生記憶，例如基本

學力測驗僅有選擇題，沒有作圖題及演練題，較難測出學生分析及統整實力。

易言之，建構教學無法適合所有學生，如果學生在國中學齡以上者，甚至高中學齡以上，但具有學科一定水準能力條件者，建構教學不失為一很好的教學方法。但這種教學法要有效發揮，還要幾個條件或環境配合：首先，要有合理及合宜的師生個別對話。建構教學不是讓學生漫無目標、無方向及無生活化的教學內容。它應讓師生在學習過程有良性的互動對話，從對話中讓學生了解教師所要傳達的學習任務，讓老師了解學習任務方向，以作為教師調整學生學習方向。其次，應採用情境式與生活化教學。建構教學讓學生與生活結合，不讓學習成為單獨、無用、機械、零碎、單一、無趣、空洞等無效用學習。因此，師生共同建構下，讓學習教材縱使限定了學習內容，也可以與生活配合，不再與生活脫節。因而讓教材、教法，以及學生學習活動生活化、實用化，讓學生學習之後，可以運用課本知識於實際生活之中，才是建構教學本意。

總之，教師應有體認是每種教學法應配合其他教學法，建構教學法並不適合所有學生。也就是說建構教學之中，可搭配實驗法、有意義學習、情境學習、概念構圖、演講法、學生表達法及戶外教學等，才可以讓建構教學法成功。因為建構教學不是萬靈丹。好的教學法，除了要有相關教學法配合外，更重要的是要有好老師配合，以及老師了解該教學法精神來執行才可，否則僅對教學法略知一二，無法了解教學法精神，畫虎不成反類犬，造成學習失當。這是目前建構教學法最大的問題，也是最不好的現象，各界當深思。

捌、正視鄉土課程

　　配合九年一貫課程，教育部規定中小學應開設鄉土教育課程，旨在讓中小學生對自己周遭環境深入了解，進而培養學生愛鄉土、關懷鄉土的人文情懷。

　　教育部為加強鄉土教育，其規劃如下：1.在小學增設鄉土教學活動，包括鄉土語言、鄉土歷史、鄉土地理、鄉土自然、鄉土藝術五大類，各校依本身情形選擇項目實施。2.加強國小社會科課程有關鄉土教育內容，如台灣的自然、人文環境、民俗藝文、社會變遷教材。3.在中學設有認識台灣一科以加強學生對台、澎、金、馬之認識。4.訂定鄉土推廣教育實施計畫，補助各縣市自編鄉土教材。如此教材內容設計有幾種效益：1.學生由近而遠的學習，由周遭環境學習，由社區、縣市、台灣本土進而擴展視野至國家及世界，如此學習讓學生更認同鄉土及人文發展。2.學生對生活環境更深層認識，如對地方人文、地理、文化、社區人口組成、地區互動及人際關係掌握。3.學生可拋棄大中國意識及虛擬中國意識形態，並對過去不當知識填壓，有學習更多教育內容機會。4.以同心圓原理讓學生了解鄉土對於生活的重要，並進而了解鄉土教育在社會、國家，甚至國際的相對地位，能讓學生對本土意識、本土文學及母語有深層的認識。5.當然鄉土教育實施更能讓教育改革方案與社區結合，帶動地方教育發展。

　　但執行以來，學校鄉土教學成為學校與社區角力、學校老師不願意教、學生不願意學，主因是鄉土教育太過強調意識形態，同時它以強制方式來學習母語或其他鄉土活動，無形中讓師生產生更大

反感反彈，也就是該課程已成為師生很大負擔。為讓學生樂於學習鄉土教育內容學習，似應有以下配合：

第一，鄉土教育不應過多強調意識形態內容，因為鄉土教育在配合當地文化及社區特色，設計課程內容應以自然融入為主。鄉土教材以由下而上的課程設計方式，並非由上而下的命令進行，且勿強調過多不必要的意識形態。鄉土教育由下而上設計方式，教師是主動角色，以社區及鄉土意識設計教學內容。然而，非所有教師都會設計課程。因此教育部就提出相關策略，期以強制的方式一條鞭法掌控學校教學，所以在教科書編寫、課程目標擬定及教師手冊提供，讓鄉土教育成為制式教育。因此，教師依賴教科書及課程設計，在師資培育過程沒有課程編寫專業訓練。所以，教育部應下放鄉土教育內容、不再威權，同時培養老師編寫內容。為解決教師編寫問題，其配合條件是：1.師資培育機構應設有課程設計及教材編寫課程。2.教師甄試應檢定教材編寫能力。3.教育當局應提供充足進修管道，讓教師有編寫鄉土教材的能力。4.鼓勵各教育專業團體發行有關教師編寫教材經驗及知識報導，以深入中小學教師專業領域。

其次，鄉土教育應加強剪裁內容，以適合學生需求是當局與學校應留意的。鄉土教育內容非常廣泛，如社區歷史、地理、人文、環境、母語、習俗、道德及價值觀，非常多元及多樣。換言之，在教師課程設計及專業能力不足的前提下，要能剪裁適合學生需求的學習內容是一大挑戰。這應由學校所有同仁共同參與。例如透過教學研討會、進修時間、教學觀摩會進行試教及修訂。尤其進行編寫應讓相關類科教師同仁參與，讓他們提出不同見解，作為修改內容參考，並避免一偏之見或個人的意識形態產生。

第三，鄉土教育旨在反映社區文化及社區歷史及地理風情。為

讓鄉土教育不過分脫節,讓鄉土教育活生生展現在學生學習及生活中,學校可透過與社區合作方式要求社區人士共同參與,例如讓社區具經驗人士到學校進行解說當地文化特色,彌補初任教師或非當地教師對當地文化的不了解。此外,也透過校外教學,與社區合作,如社區提供鄰里辦公室、農場、博物館、電影院、生物栽培場、文物保留中心,供給學生及教師在教與學過程所需教具亦是好方式。當然,參觀里民大會、參訪民意機關進行預算民主程序、參觀里鄰或鄉鎮建設。也就是說,透過社區與學校資源共享,鄉土教育可發揮更大的效果。

總之,在多元、鄉土與教育權的下放,同時在地方意識抬頭下,做好鄉土教育,讓學生更認同家鄉文化及人文地理環境,是當局應努力的方向,而不是當局強壓式的意識形態灌輸,因為這樣的效果不佳。

玖、TIMSS 教育成就再思考

行政院國科會在 2004 年 11 月公布「國際數學與科學教育成就趨勢調查」(Third International Mathematics and Science Study, TIMSS),台灣的國中二年級與國小四年級學生,科學總平均皆排名世界第二,數學總平均則是世界第四,國科會認為這代表台灣的數理素質極高,青少年數理能力刮刮叫。其實,這樣的成就我們雖頗感驕傲(1999 年也是如此,見表 5-1),但這成果背後有幾個值得思考的問題。一是台灣應對國際教育組織有更多掌握,例如對 TIMSS 調查。二是這樣的成果究竟對國內教育改革有何期望。三是有論者認為台灣的學生高度學業成就表現與建構教學有關。這些論點是否

表 5-1　我國參加 TIMSS 八年級學童測驗成績

國　別	數　學				科　學			
	1995 年		1999 年		1995 年		1999 年	
	分數	標準誤	分數	標準誤	分數	標準誤	分數	標準誤
台　灣	—	—	585	4.0	—	—	569	4.4
日　本	581	1.8	579	1.7	554	1.8	550	2.2
韓　國	581	2.1	587	2.0	546	2.0	549	2.6
新加坡	609	3.8	604	5.9	580	5.5	568	8.0
香　港	569	5.8	582	4.2	510	5.8	530	3.7
美　國	493	4.6	502	3.8	513	5.6	515	4.6
加拿大	521	2.2	531	2.7	514	2.6	533	2.1
英　國	498	2.9	496	4.0	533	3.6	538	4.8
荷　蘭	529	5.8	540	6.8	541	6.0	545	6.9
義大利	491	3.3	485	4.6	497	3.6	498	4.8
捷　克	546	4.3	520	4.1	555	4.5	539	4.2
匈牙利	527	3.1	532	3.6	537	3.1	552	3.7
澳大利亞	519	3.7	525	4.7	527	4.0	540	4.4
紐西蘭	501	4.5	491	4.9	511	4.9	510	4.9
各參加國平均	522	0.9	524	1.0	518	0.9	521	0.9

註：1995 年 TIMSS 舉辦計有二十六個國家參加；1999 年參加國家增至三十八個。
資料來源：2005 年 7 月 28 日檢索於 http://www.edu.tw/EDU_WEB/EDU_MGT/STAT-
　　　　　ISTICS/EDU7220001/indicator/index.htm

正確應再思考。也就是說，未來台灣對國際教育組織應重視參與之
外，更應掌握其運作情形及這項學業成就對國內教育改革，尤其是
課程及教學的啟示。說明如下：

　　首先，國際教育組織自 1959 年成立以來，從事超過二十項以
上的跨國際性成就研究調查，其中包括數學、科學、語言、公民學
領域。在科學方面，國際教育組織在 1970 年舉行第一次國際科學
成就調查（First International Science Study, FISS）。第二次國際科學

學習成就調查，在 1983 年間舉行，有二十四國參加。在數學方面，第一次與第二次國際數學成就調查分別在 1964 年和 1980 年舉行。在一般學科除了數學與科學研究（TIMSS, 1995; TIMSS, 1999; TIMSS, 2003），國際閱讀成就（PIRLS, 2001; PIRLS, 2006）亦是重要研究之一。台灣於 1998 年才參與 TIMSS，且這方面的研究很少，遠不如國際。

過去幾年來，國際教育組織研究可看出幾項重點：第一，自 1960 年以後有愈來愈多的國家積極參與國際性的教育成就研究，台灣不能置之度外。第二，從課程主題來說，數學與科學是最常被評量的主科，因此台灣應對此更重視。第三，主要年齡層包括三歲到中學最後一年，而最普遍調查年齡是九至十歲、十三至十四歲以及高中最後一年學生，可見國際對於學生學習掌握是多向度。國際教育組織研究調查是對國際學生成就重要的資料來源之一，研究貢獻不僅對各國教育過程做深度了解，也提供跨國了解各國數學、科學等領域的比較，對各國教育政策制定者、實務工作者提供珍貴參考價值。也就是說，對國人而言，TIMSS 運用實作評量來了解學生的數學與科學程度，在評量中，由學生設計實驗、操弄材料、驗證假設，最後記錄發現對課程改革也有助益。這運作或可作為國內教學及課程設計參考。

其次，國人在學生數學及科學科成就高於其他國家當然有很多原因。例如，亞洲國家家長對學生學業成就有高度期望及學生本身高度自我期望表現。日本、南韓、香港及新加坡都是，台灣的家長也不例外，但通常家長對學生要求是要多補習、多做練習題、多參加考試有關活動、少思考，相對的，較少參與課外活動以及其他另類的教學活動，所以學生高度成就表現是可期待的。國人在國際學業成就有好表現，固應欣喜，但更重要的是，應檢討是否因為過度

練習考題、補習、升學文化、文憑主義、講求固定答案、學生學完數學及科學仍問不出好問題，以及強調講光抄學習方式，而不會讓學生多思考、多發問及多反省，僅要求標準答案的教學模式才有這成果。

當然，建構教學是否能提升學生學業成就，即科學及數學成就提高也有爭論。這方面爭論應有更多研究來佐證，而不是台灣學生成績有好表現就是因為這教學方法所致。雖然建構教學法不讓學生被動接受知識，拷貝書本知識，主張讓學生對特定問題自我尋找出解決答案、策略及方向。但是如要發揮建構教學，應注意學生特質及學生能力。

最後，把影響 1999 年三十五個國家的科學及數學成就的因素進行多元迴歸分析，如表 5-2 所示。結果發現：影響 1999 年科學成就的因素有初等教育生師比與識字率，它們分別與科學成就有負向與正向的顯著影響。在整體的迴歸模式的解釋力為 50%。而影響 1999 年數學成就有識字率與經濟成長率，分別各有負向與正向顯著影響，整體迴歸模式的解釋力為 28.4%。

為了了解前述的顯著自變項與依變項之間的關係，特將它們以散布圖呈現（如圖 5-1、5-2、5-3、5-4）。圖 5-1 可看出整體來說，科學成就與生師比呈負向顯著關係。但若以亞洲國家的初等教育生師比為基準，科學成就均超過最適迴歸線，即超過各國的平均水準。也就是說，雖然有較高的生師比，但仍然有較高的科學成績。台灣也是如此。圖 5-2 則發現識字率與科學成就有正向關係，識字率愈高，科學成就也愈高。台灣更是如此。圖 5-3 與圖 5-1 類似，生師比與數學成就呈反向關係，但亞洲國家卻在生師比較高，但也有較高的數學成就。圖 5-4 則是各國國民所得與數學成就有正向關係，亞洲國家在其國民所得條件下，數學成就是比各國平均水準還

表 5-2　影響 1999 年各國科學及數學成就因素

變項	b	β	t	P	VIF	N	F
科學成績						35	F(6,28)
常數	241.393		2.655	.013			=6.7**
初教生師比	-3.163	-.327	-2.503	.018	1.161		
中教在學率	-	-.006	-.035	.972	1.907		
識字率	3.294	.503	3.496	.002	1.406		
國民所得	1.631E-03	.236	1.407	.170	1.910		
經濟成長率	2.369	.137	.905	.373	1.547		
教育經費占國民生產毛額比率	-3.089	-.083	-.619	.541	1.221		
Adj-R^2	.50						
數學成績						35	F(6,28)
常數	541.509		5.067	.000			=3.3*
初教生師比	-3.302	-.348	-2.223	.034	1.161		
中教在學率	7.908E-02	.026	.128	.899	1.907		
識字率	-	-.001	-.006	.995	1.406		
國民所得	3.044E-03	.448	2.233	.034	1.910		
經濟成長率	.111	.006	.036	.972	1.547		
教育經費占國民生產毛額比率	-4.420	-.121	-.754	.457	1.221		
Adj-R^2	.284						

註：1.*p＜.05；**p＜.01。
　　2.表中的 E，代表小數點以下幾位，例如 E-02 是小數點二位。

高。

　　總之，2004 年 TIMSS 指出台灣學生有高度數學及科學成就，不要過度欣喜，而要思考的是究竟會有這成果的原因為何，是因為老師善用好的教學法，教出會思考、會發問及會理解的學生，抑是

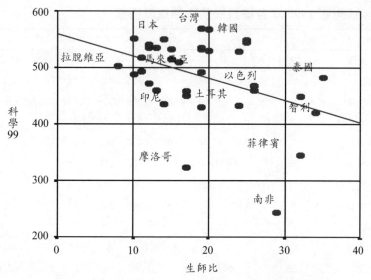

圖 5-1　1999 年各國生師比與科學成就散布圖

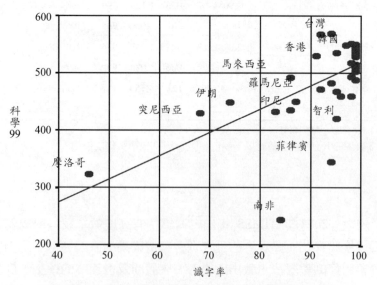

圖 5-2　1999 年各國識字率與科學成就散布圖

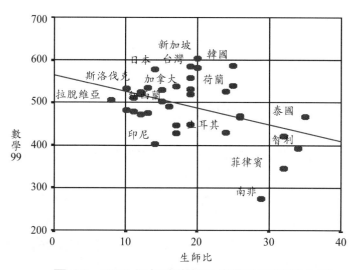

圖 5-3　1999 年各國生師比與數學成就散布圖

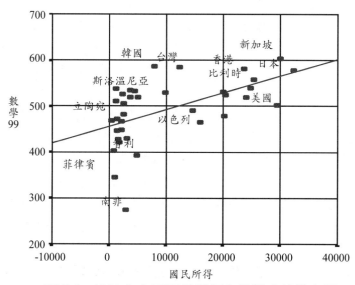

圖 5-4　1999 年各國國民所得與數學成就散布圖

僅會做考古題、不會思考，以及僅以上補習班加強練習所得效果？還是家長高度教育期望的文化及社會因素使然？

拾、學生文化對大學的影響

交通與清華大學的梅竹賽每年 5 月都會開戰，這活動至 2005 年已有三十七屆。據其傳統，它是每年都有的校際間的友誼競賽活動。重點不在輸贏，而是在較勁雙方的各方面實力，並博取更多的友誼。在台灣的大學中能延續三十多年因而形成文化的學生活動不多，遑論在高中職以下的學校。所以這是各級學校應學習的。因為就教育、社會、學校及大學發展來說，學生文化可以改變學校發展。其實，這樣的學生文化活動，也是學校的潛在課程之一。

先說梅竹賽是很有看頭的，它更具有學生活力與學校發展較勁成分在其中。兩校學生的輸贏在其次，但從梅竹賽的活動，例如學生的運動會、啦啦隊、舞蹈、棋賽、男籃、女籃、男排、女排、足球、桌球、羽球、棒球、橋藝、網球等學生活動，就可以看出兩校活力與特色。尤其兩校啦啦隊表演更是展現兩校學生活力、青春、活潑，在隊形變化、翻滾、劈腿、跳躍更展現出學生文化的重要性。

在現場看到兩校校長及各級主管表面和氣，但內心具有些許競爭意味，又不失友誼成分，更添學校特色及發展在其中。我們更看到縣市首長、他校大學校長參與其中，為學生加油，這種景致，在台灣是很難得的。

台灣有這樣好的學生活動所產生的學校或學生文化應珍惜與延續。畢竟學校或學生文化建立不易。從教育社會學觀點來說，學生文化或次文化對學校、師生，乃至社會各界是有多方面助益的。第

一，它凝聚師生之間的感情與友誼，不僅是學生，老師及校長也當有同樣感受。第二，它可以成為學校，尤其是大學，發展上重要的特色，因為一提到某些學校文化就會想起那一個學校。第三，它讓畢業校友憶起學校當年求學及參加學生活動的種種往事，讓學生對學校更加關心。第四，它讓學生更認同學校，更理解大學發展是有希望的。第五，學生文化與活動拉近與社區、社會的距離，不會大學是大學、社區是社區，二者是互相融入的。最後，學校或學生文化可增加學習廣度，增加人際溝通，了解競爭與合作的重要。

　　其實，學生活動所形成的文化可以區分為幾項。一是個人對某一項事務熱中，因而影響他人共同參與，形成小團體的次級文化，例如迷戀歌星與偶像的崇拜文化。二是班級所形成的班級文化，它可能是班上升學率高而有升學文化，班上學生喜歡飆車，而有飆車及不良次級文化。三是由學生在學校社團所衍生出來的社團文化，例如大學生喜歡參加志工社團，投入社會及人群服務，因而形成學校服務文化，國北師的愛愛社就是一例。四是學校內部活動因而形成學校特定文化，即不定時或定時由學校師生共同參與，例如台師大校慶所產生的西瓜節、市北師校慶的蘋果節、屏東師院的木瓜節等，它都是配合校慶舉行而產生，因而形成學校特殊文化。五是由校際之間，在學校師生共同經營與參與形成的文化，這就如清交梅竹賽。因為文化形成不易，學生文化更是如此，所以學校文化產生大都由師生共同發起，可能是有意或無意間在時日一久所形成的文化。

　　然而，就某種程度來說，學生文化是參差不齊，尤其是尚未成年的中小學學生所形成的文化。也就是說，學生文化對學生及學校都有正負向影響。例如學生如果喜歡飆車、打架、偷竊、吸毒、不念書愛玩樂等，日子一久形成學校不良文化，對校譽有負面形象。

這正需要有學校當局參與其中，引導正向的文化發展。

我們很期待各級學校都可建立學校、校際間、班級及學生團體的正向學生文化。因為台灣幾十年來的學校都是升學導向、文憑主義及以智育為中心的文化，並未重視學生在不同層面的文化發展。因此在清交梅竹賽開戰同時，各級學校主管、師生及社會各界應好好思考，如何建立學校文化，如何建立學生自我的良性文化，如何讓學生欣賞學生文化、重視學生文化，因為這些文化的體悟，牽涉到學校發展、學校特色建立，乃至學生對學校認同及學校對社會影響。

當然，建立學校與學生文化的同時，更應避免不當的學生文化產生。學生文化大都由同儕團體建立，因為同儕團體屬性不一，就可能影響學生文化品質、特性、發展及文化組成等。因為學生文化對學生在思想、態度、人格、身心發展及對文化認同建立格外重要。就如日前有幾所高中學生參加「社會幫派」，因而形成不良文化，如果這種文化存在校園，將會影響學校整體運作，也會影響社會穩定發展。易言之，學生文化是一刀兩刃，可能會協助學校與師生正向發展，也可能有傷害學校及師生的潛在隱憂，不可不注意。

總之，清交的梅竹賽是很好的學校與學生文化展現，它呈現出學生的青春活力，也展現出大學競爭發展，有識之士應當好好掌握學生文化的建立及重視其發展。

■ 本章討論問題

一、您覺得目前政府執行的九年一貫課程有哪些問題？

二、如果政府以意識形態決定課程，您認為合理嗎？

三、教育部長可以決定中小學課程內容嗎？

四、討論「誰的知識最重要」與「何種知識最重要」的差異。

五、高中的歷史課程內容應如何規劃？如果您是高中歷史老師，可否提出建言？

六、建構式教學有哪些問題？有哪些特性值得參採，可否舉列？

七、如果您是一位教育工作者，如何做好鄉土教學？

八、潛在課程對於學校文化的影響何在？您可否舉例說明？

九、您所就讀或已就讀過的學校，有哪些學校文化呢？可否列舉？

十、如果您是學校主管或校長，如何營造學校的文化？

十一、您是一位學生，如何配合建立學校文化？

十二、國際間有一個 TIMSS，它對各國進行數學與科學調查，台灣每次都有好成績，您覺得這樣的表現，是真的如此，還是僅有少部分學生獲得這樣的榮譽，而大部分學生卻仍是成績低落？

第六章

高等教育議題

教育議題
188 ■ 的思考

壹、大學的問題與發展方向

　　國內高等教育最近幾個重要問題：第一是教育部提出要發展國際一流大學擬撥五百五十億元補助少數幾所大學，無法分配給所有大學，形成經費分配不公。第二是大學法的修正。第三是高等教育量擴張。前兩項與大學教育政策問題密切相關，應合理處理，才能讓高等教育合理發展。第三項問題見本章其他小節議題。

　　最近的大學法修訂方向有幾項：一是將大學自治範圍放寬，包括教學研究、輔導、教師聘任、學生學習都是自治範圍。二是增加副校長人數，讓大學行政及管理更專業化。三是增加對學生權利義務的保障，校務會議或學生申訴由學生代表參加。四是大學學制調整，學分數不再以一百二十八學分為限，讓大學在需求下設立學程才合理。

　　然而，教育部指出，未來大學法修正將大學與教育部的關係轉變為伙伴關係，不是專權領導關係，卻可能僅成為口號與形式。因為眾所皆知，大學校長遴選操在教育部手中。另外，公立大學校長遴選突破過去方式及校長角色地位更明確，也可能是空談，因為先前指出大學校長人選的遴選委員會將納入二分之一的教育部行政人員，如果成真，這無疑是架空大學自主，完全由教育部掌控就好。最後，大學各種委員會由各校自行設置，並擬廢除大學軍訓及體育室，這可能與現況略有出入，無法反映社會需求。

　　對於大學拔尖計畫亦有不妥。一者它讓國家財政過度負擔，再者讓大學發展受限，大學取得政府財源必須遵從主政者的行事心態。尤其近年，政治干預大學，有關係者、有政治手腕者、名校出

來的政治人物、相挺大學校長者等,因而可以獲得更多的教育經
費。反觀,很多大學卻紛紛喊窮,無法讓學校合理的正常營運。幾
天前行政院與教育部又提出要發展拔尖大學,補助五百五十億元的
經費給少數大學,其他大學則坐視無望。這凸顯出不合理的高教資
分配。

前述大學發展方向應考量未來以下的發展:

首先,現階段大學公法人似應調整為準公法人或自主地位,讓
教育資源及行政是自主團體。過去將大學視為公法人產生很多問
題,例如大學過度依賴政府經費或補助,形成剪不斷的臍帶關係。
在大學法修正同時應顧及社會變遷及多元需求,讓大學教育朝多元
彈性方向發展。易言之,教育部應將大學的角色、地位重新定位。
究竟它應是學校,抑或國家營運機構(如公賣局)。當局若要將大
學教育鬆綁,讓學校更為自主,讓學校成為一個準公法人角色,對
學校營運,包括建教合作、教學及營運收入、募款收入及大學相關
收入等反映出學校經費營運自主,大學將更可反應其特色。

其次,教育部應針對大學評鑑,且合理的公布評鑑結果。大學
在組織架構、招生方式、學程設計、師資來源乃至教學已有不同。
因此,高等教育政策規劃必須重視學術的專業性及政策穩定性,並
規劃建立理想的高等教育審議制度。為發展各具特色的高等教育學
府,輔導各校加強提升大學水準配套措施應包括:1.輔導各校重視
通識教育及促請各校規劃辦理校內基礎學科評鑑;2.建立教學品質
管制系統;3.推動教師評鑑制度、建立教師教學研究獎勵制度。評
鑑方向須依專業類別訂定單位學生基本教學資源指標;4.強化大學
及學術研究機構交流;5.蒐集人力供需相關資訊供學生參考;6.成
立大學評審委員會規劃推動多元評鑑制度及設置競爭經費等。此
外,加速推動公立大學校務基金制度,協調政府相關部門在人事及

財務給與充分彈性。也就是說，教育部對大學校院各項評鑑制度宜在新大學法反映出來，如此才能讓大學更具發展特色。

　　值得注意的是，教育部在 2000 年才提出大學卓越發展計畫，對大學發展注入資源。但問題在於此計畫為國立大學量身訂作，不合現況。2005 年教育部又提供給少數學校共五百五十億元，作為大學拔尖計畫，讓大學資源凸顯出不合理分配，也造成教育資源浪費。短短幾年提出這樣的計畫其成效何在？是否進行過政策評估？換言之，大學教育經費不僅浪費與沒效率，更有搶大餅心態與不當分配資源。因此，如何讓大學教育經費在公私立大學獲得公平分配及合理補助，大學法修正的同時應納入規範。簡言之，大學法對大學教育經費分配應有所規範，好讓各大學獲得平衡發展，否則台灣的高等教育將面臨不均質、不公平、不合理、沒前景、沒競爭力，以及沒有發展的未來。

　　總之，為達成高等教育之卓越、競爭、公平及前瞻發展，大學教育資源、預算、補助制度、會計及人事制度鬆綁、校內外競爭機制、學生需求重視及學校運作調整都有待改革。這是未來大學發展重要方向，當局應納入思考，刻不容緩。

貳、高等教育量擴充

　　2005 年大學入學錄取率高達 89.1%。這種高錄取率是台灣高等教育擴增問題。台灣高等教育擴增快速，大專校院學校數，80 學年度一百二十三所，92 學年度增加為一百五十四所。民間要向教育部申請設立大學校院有二十多所。此種以滿足社會大眾快速成長，對台灣高等教育及就業市場產生衝擊。

　　以大專校院分布情形而言，各縣市均有大專校院。教育部統計顯示，1991 至 1999 年大專校院一年級學生人數年平均總成長率 6.99%，其中以研究所碩士班最高。行政院經建會 2001 年估計指出，1999 至 2011 年平均總成長率 1.98%，成長最高仍是碩士班，最低為專科學校，它係因專科改制技術學院過快所致。1991 至 1999 年大專校院總學生人數年平均成長率 7.41%，其中以碩士班成長率最高。據估計 1999 至 2011 年平均總成長率 2.4%，成長率最高的仍是碩士班，因專科改制技術學院，專科學校學生人數呈負成長。

　　高等教育量持續增加，台灣學齡人口卻持續下降。未來大學生不足額，學校將會招生不足。以 1991 至 1999 年總人口年平均成長率為 0.9%，十八至二十一歲為 1.3%。據估計 1999 至 2011 年總人口年平均成長率略微下降，但十八歲、十八至十九歲與十八至二十一歲學齡人口則呈負成長。88 學年度十八歲學齡人口就學機率為 62.3%，其中專科及大學校院各為 35.3%、27%。經建會更估計 2011 年成長率為 92.3%，專科學校因為改制略有下降，大學則增加為 59.8%。如包括非正規教育十八至二十一歲學齡人口，就學率將近 100%。

　　高等教育量持續擴增，但教育素質卻下降，一方面是高等教育量擴增速度快，一方面是學生入學容易，畢業也容易，大學對學生素質管制減少，素質當然下降。再以師生比而言，80 至 88 學年度資料顯示，國民中小學及高中職師生比均減少，大專校院師生比均增加，顯示大專校院素質下降。

　　前述可看出台灣的高等教育量已飽和。88 學年度台灣高等教育學生人數（含非正規教育）占十八至二十一歲學齡人口的 67.8%，比日本、英國及德國還高，與韓國相近，但尚較美國、加拿大與澳洲為低。在學校擴增及學齡人口減少下，未來大學校院將面臨招生

不足，產生惡性競爭、倒閉情形。

　　目前高等教育問題之一，在於國立大學部分學校找尋第二校區成立分校分部。而選舉一到，各縣市爭相要求籌設國立大學，導致大學校數擴增。很多私立大學打著要配合社會需求更是如此，國立大學為擴增學校規模，對外尋找校區，大批爭取國家經費實應檢討。

　　另一問題是專科學校改制技術學院過快。以 88 至 92 學年度各改制二十所及三十五所，僅剩十所專科學校。專科學校改制速度甚快，影響技術學院教育品質，也影響未來的技術人力的培育及供需。專科為符合改制條件，尋找第二校區擴大規模，且大都以改名為科技大學為改制目標。未來技職體系大學以上擴增將更為迅速。台灣的高等教育師生比逐年增加，顯示高等教育品質逐年下降。

　　基於以上分析，對錄取率將近 90%，我們憂喜參半，因此有以下建議：首先，應依社會需要調整高等教育量。高等教育擴增業已足夠學齡人口就學需要，社會大眾應了解台灣的高等教育量的擴增，政府對未來籌設新校應從嚴評估。其次，績優專校改制宜緩。教育主管機關宜檢討不宜擴增過快。考量專科部仍可培養中級技術人才，專科改制學院保留專科部，提升教學品質，著重實務教學，建立技術學院特色。專科學校改制更應評估其實質成效。第三，大學擴增應考量人口成長，逐年降低大專校院師生比例。全面建立超然的財團法人大學評鑑機制，獨立於主管教育機關，每年評鑑並公布大專校院辦理績效表現，同時亦應研議學校淘汰方式，合理調整教育資源分配。最後，鼓勵學校整併。它可能比要求自動在高教市場中退出還有效，也就是讓國內外名校合併我國不具競爭力的私立學校，並設法吸引外國名校來台設立分校，以培養台灣的高級人才。

　　總之，大學錄取率將突破 90%，教育部宜思考「廣設高中大學」政策，同時更應思考高等教育擴張之後，如何提升高等教育素

質及競爭力，否則高學歷高失業率、大才小用、人力閒置、「大學高中化、碩士大學化、博士碩士化」的人力浪費問題將浮出檯面。

參、新設國立大學的迷思

2003年台東、宜蘭與苗栗舉牌將設立三所國立大學。這項教育政策有很多盲點。這些縣市設立國立大學主要目的，在讓每縣市都有國立大學，來滿足地區人民的精神需求，提供當地人民進修管道。但這教育政策凸顯幾項問題。

第一，讓高等教育資源在原本已無法滿足各大學前提下，更雪上加霜。因為這幾所國立大學設立是因政治、政見與選票考量，在台灣整體高等教育資源不足的情況下，又要讓他們與各大學分杯羹，實為緣木求魚。目前台灣已有大學校院一百五十多所，加以教育部在近年呼應民間教育改革需求，更放寬私立大學的設立。因此，2005年大學錄取率高達89.1%，可說只要有人報名，大都可以進入大學。這種足額錄取問題，在日後幾年必然可見。加上這幾所大學設立將造成另一波招生競爭。因為入學率高、教育資源少、學校淘汰學生機制缺乏、優良師資不足、校園文化無法有效運作，造成高等教育品質低落是有目共睹。

過量投資高等教育，造成教育浪費是當局應檢討的。當政府或民間所投入的教育成本無法反映學生學習素質，此時就是高等教育投資浪費，這種浪費將反映在國家整體人力結構，以及學生畢業後就業謀職困難上。就前者而言，國家總生產力降低、經濟成長無法從過度人力資本投資反映出來，所以造成國家在教育資源的浪費。就後者而言，個人投資高等教育之後，卻無法在一定的職業結構謀

得應有職業，造成大學畢業或具碩士文憑者，可能在加油站打工、開計程車、應徵清潔工、速食店應徵臨時工，甚至高度失業等。從這些現象更反映出教育投資浪費、人力資源閒置、高學歷高失業及大才小用。易言之，新政府未能了解整體的國家教育發展，只知一味設立國立大學，實是對國家與個人的浪費。

行政院經建會於 2001 年估計，未來高等教育學齡人口持續下降、人口老化，因此改制、升格或設立國立大學，無疑是讓日後大學競爭更為激烈。除了要面對教育經費短少、設備不足與教育素質低落之外，更要面臨就讀高等教育學齡人口不足，因而會有學校倒店、學校辦學素質不佳、惡性競爭等實際問題，屆時如何處理學校倒店及學校建築、資源重新分配等問題？

除了前述的因素之外，國外的大學頻頻向台灣學生招手，中國大陸更是積極，在面臨內有高等教育學府設立過多、學府素質不一，外有優質的、具競爭力、又具高度教育水準的學府招手。台灣的高等教育在這一波的改設立大學，是更應省思。

另外，前述地區設立國立大學，真的有地區整合及繁榮地方發展的政策目的嗎？這在設立前就應仔細評估。以台灣各縣市的地理區域而言，交通發達與交通工具便利，地域差異已有縮小，到鄰近縣市就讀大學可說相當便利，並不一定要再投入高額的教育經費來養一所國立大學。尤其，近年中國大陸已對高等教育學府進行整併，此舉旨在讓高等教育資源充分及有效運用。台灣的教育當局一再指出要讓國內大學整併。言猶在耳，未能整併就再讓幾所國立大學成立，這豈不令人質疑當局的教育政策目的何在。

由以上分析看來，當局在顧及選票、政見、政治承諾之外，更重要的是，在提出設立國立大學之前，應對於政策影響評估、政策需求評估、教育經費分析、此教育政策執行可行性等各種層面分

析。否則，僅逞一時之快，看到眼前利益、成果、滿足少數人需求，卻失去日後整體發展前景將得不償失。易言之，有擔當的政治人物應將台灣整體教育的眼光放遠、拉高格局、放寬視野，檢討台灣的高等教育學府設立適當性與高等教育政策。否則，下一代的年輕人，將會面臨教育品質低落，大學畢業、碩士畢業找不工作，而形成「學士多如狗、碩士滿街走」的人力投資浪費。這不但影響個人就業問題，也造成國家資源浪費。

肆、大學公法人

教育部曾處理景文技術學院、花蓮的精鍾技術學院，以及私立學校財務危機，這暴露出大學學府營運問題。這問題又與私立大學或公立大學的定位、角色，以及與教育部的關係有關。

因為高等教育經費預算如何分配、教育部與大學之間的關係應如何定位？私立學校是否為國家的營運標的物？國立大學校務基金如何彈性運用？都與大學法人化有關。因此，為解決此問題，應該朝大學公法人定位著手。

其實，公法人具幾種特性：如它是依法律規定所設置的機構或組織；它的設立依據國家或公法人意思；它應服從國家機關監督；同時它並無解散的自由，在一定的權限範圍內，國家給與一定的權能及地位；此外，它的組織成員有加入的強制性。簡言之，它是國家依特殊目的所設立的機構及組織，其組織受到國家監督。在此，我們須指出它與私法人有區別，私法人設立是以私人為主，主體是私人，在特殊權力的關係，並沒有公法人之限制；同時私法人所執行的活動是受到私法的規範及限制。私立大學校院是否為私法人仍

有爭論空間，因為學校具有培育學生及對社會教化的教育與文化責任。因此，私立學校與學生之間的權利義務關係，不單純是一種私法規範而已，仍有公共角色在其中。

以前述特點分析，大學公法人主要在於大學由國家設立，由國家監督；同時公立大學並無解散的自由；另外，所有大學的成員應該是強制性的加入，並且有一定的特殊權力關係（此種權力，可能是大學主體與教育當局、大學行政人員與學生對社會的關係等）。依據公法人設置精神，大學如果公法人化，其主要目標在於可以從國家的機關組織獨立出來，與國家之間有一種特殊的關係存在。此種特殊的關係包含很多，如大學預算、人事制度、財務制度、行政救濟程序等。

就以財務制度而言，如果是公法人化，其經費來源可以從大學的營運（如大學在標的物對外的租賃、事業收入、政府補助、學校營運所得的盈餘孳息，以及依其他法令可取得的經費）取得。也就是說，公法人的大學經費收入來源多樣。在預算運用，依年度預算支應，雖必須經過一定的法定程序，但僅提供上級機關做備查。換言之，大學可以有較多的經費資源，以及可彈性的運用經費。

以人事制度而言，法人化可自主運用人事，中央機關不應介入。目前公立大學人事聘用，如教師及學校職員，有其彈性。前者由學校校務會議最後決定，行政人員則循公務人員體制任用，並無問題。但如果是學校校長，則須經遴選制度，最後再由教育部在多位人選中做最後定奪。也就是說，目前大學人事任用制度，即大學校長任用，受到教育部主導，並無法完整實現公法人精神。

公法人化使大學可以依學校名義，獨立行使其權利，並擔有一定的義務，同時受國家監督。亦即，大學預算彈性及可能讓大學人事任用鬆綁為其特色，但是如果真的讓大學公法人化也有很多問

題。大學如公法人後，教育當局與大學間關係依然模糊不清，即無法指出教育部對於大學有多少監督權；大學公法人後，所有大學年度的收入財源如何規範？大學營運如果有違公法人規定，如何受到懲處？大學應盡多少義務？重要的是，國立大學是否有公法人化準備及條件？也就是教育當局不可因教育部的行政命令，就要求學校完全的公法人化，同時更不可以不尊重大學人員（如校長、行政主體）的意見等。

大學公法人化應有幾項共識：

首先，應釐清大學公法人化的意義。公法人化與目前的國立或公立大學有何差異？大學公法人化優缺點為何？大學公法人化對大學校院有何影響及未來有何影響？也就是如果國立大學公法人化，私立學校的營運是否也應有準公法人的定位？這些都會牽動學校與教育部之間的關係。

其次，大學公法人化之後，大學應有哪些權利及義務？公私立學校學生的權利及義務有無不同？大學公法人化之後，學校的財務制度、預算制度、人事任用及行政程序是否應該調整？同時大學公法人化之後對於我國的大學是否更具競爭能力？尤其在於教學品質、研究水準及對社區與產業的服務是否能提高等。

最後，如果是要朝向公法人化的方向，當局是否應在釐清前述問題之後，對於公法人化的配套措施有哪些、有哪些的教育法令應該修改，同時對於大學的地位應如何重新定位，其中包含教師、學生、教育行政人員及校長等，有所說明。在公法人之後，學校教育行政人員與教師是否還具有特殊權利關係，更值得分析。

當局應檢討在公法人化之後，如何定位公私立大學，以及國立大學與政府之間的關係，才是首要。

伍、大學「整病」

2004 年 11 月行政院指出要讓國內交大與清大進行整併，擬給五年五百五十億元補助，讓台灣能有世界頂尖大學。這已是老生常談，可行性並不高，要執行恐要先對高教整病，因為高教問題多。

大學整併喊了十多年，喊得凶且叫得爽，但實質效果不高，尤其選舉一到更是如此，口號、政見、宣示，甚至口水政策滿天飛，到頭來又束之高閣。就如交清大在1994年郭為藩擔任部長時就提出規劃整併，楊朝祥、曾志朗與黃榮村也都喊過，但後來都不了了之，如今舊調重彈，讓人聯想到的僅有政見與政治考量，並非真正可落實。

其實，整併不如想像容易，它必須要考量學校組織、文化、學校運作、師資結構、兩校互補性、師生感受、距離、校友意見、學生學習形態與修課，乃至社會意見等，再進行整合。否則整併會有大吃小、公併私、台灣北部大學整合南部大學，造成小型大學無法充分發展的疑慮。

例如 2003 年台師大與台科大整併，也是「兩校都說好，最後雙方又反悔」。而近年的整併，如東華與花蓮師院、台大與國北師亦如出一轍無法執行。說穿了，要併的學校各有「如意算盤」。易言之，大學整併非僅提供前幾年經費誘因，就期待後續發展會更好，這是一廂情願及不切實際。因為幾年經費運用完了，學校發展未改，資源浪費可預期。同時要整併大學，未提出如何執行整併，就爭取到經費，到頭來是教育資源浪費。

如果要整併大學，教育部應先對高等教育進行「整病」，亦即

目前高等教育病態問題。當局應該先「整病」再整併，才合乎高等教育發展。究竟台灣高等教育有哪些問題須整病呢？

就外在壓力而言，國內高等教育國際化能見度不夠、學術生產量不足、發表在 SCI 期刊的數量與先進國家相差太多、大陸對台招生年年增加、加入世貿組織競爭力不足與學生素質下降，都是台灣的高等教育國際化不足。

就國內而言，國內高等教育學府一百五十四所、學校素質不齊、學生素質因為錄取率高達八成而年年下滑、學術派閥及門戶主義嚴重。加上教育資源公私分配不公、排擠與未能有效運用，重要的是高等教育資源掌握在重點、重要人士、具發展歷史與規模較大的學校，其他大學要雨露均霑很難。尤其與部分重要政治人物有關的校友身上獲得的資源又更多，因為這些校友有不同裙帶關係，讓這些人在政治上有更多資源來與教育當局交換，給與特定經費供學校發展，這種量身訂作的高等教育資源分配及運用，造成高等教育發展困境。而大學評鑑制度無法落實是大學發展落後主因。這些病應先整，再談整併。

此外，大學整併與合併、策略聯盟或教育部先前所稱大學系統，究竟有何不同？教育部先前提出研究型、教學型、社區型及遠距離型大學有不確定及不同定義。因此，一旦學校被歸類或被貼上不當分級標籤，會不利整併發展。美國加州大學系統將大學分為：1.研究型系統，主要是以學術研究為考量，經費來自政府預算。2.州立大學系統，是以教學為主要系統，經費是來自於教學所得到的收入。3.社區型大學提供社區大學服務為基礎的學校形態。三種學校類型都發揮不同的特色。美國大學可以作為台灣高等教育發展的參考。

總之，現階段應先解決大學問題，再來談整併。例如加強公私

高等教育資源公平分配及運用效率，提升學生素質。而各校學分互
修、圖書資源互借、師資交流；同時教育部應積極區隔大學類型。
當局持續挹注經費鼓勵整併、新設大學應從嚴審核、不要選舉一到
就到處提出增設大學的政見，對高等教育做出宏觀規劃。其實，具
體作法是對鄰近大學有深入了解，即對學校組織、文化、學校運
作、師生結構、研究發展、學生學習及修課方式等完整了解再整
併，會更具體。是以，如何讓國內大學「均質」，而非「均貧」及
「不均」，能把這問題解決，再談整併，大學才有發展生機。

陸、交大與清大如何整併？

　　2004 年 11 月交大與清大奉行政院的政策，將整併為一所綜合
性的大學。如此的大學整併可行嗎？當然此舉更掀起我國高等教育
政策轉變。大學整併在近年來受高等教育資源限制，因此許多規模
過小、無財力及人力持續擴增，或在其他主客觀因素限制下，紛紛
要求與他校整併。除交大與清大、國北師與台大較為積極外，最近
已定案的嘉義師院及嘉義技術學院在 2000 年正式整併為嘉義大學。
究竟大學整併其利弊關係為何？值得思考。
　　從政策面考量，大學整併有其實質意義：一是它可突破現有教
育資源，讓大學資源運用效率提高，形成教育的規模經濟。其次，
可讓大學在綜合發展下，增加學生學習效果，尤其現在社會講求多
元智慧及多元能力培養，學校教育應與社會結合，二校若能有互補
提供教學設備、師資及相關資源，對學生學習有很大助益。第三，
可創造一流頂尖學府。我國高等教育在世界的定位，仍然是處於邊
陲地帶，很多學校制度及運作，都是學習外國大學及研究教學經

驗，從過去至今對於大學的突破性發展實為有限。倘若可整合為綜合大學，加以目前清大及交大的研究實力，未來在世界大學排行榜及競爭力上，必能嶄露頭角。

　　從大學整併之技術面考量有很多問題，它並非官員或專家學者說要整併就可整併。這些問題在嘉義師院及嘉義技術學院整併就浮現出來。

　　首先，大學整併牽涉到二校實質利益，如校長由誰擔任？院長如何分配？教育資源如何共享？相信在中國文化價值及中國人好面子上，誰也不願讓誰統治，加以很多教授所開設的學門可能受到衝擊。其次，以嘉師及嘉技整併也要增加政府教育經費數十億元，也就是雖然整併，但所需教育經費卻是有增無減，需要如此高教育資源是否有其必要，有待評估。若以年前才新設立的高雄大學及台北大學言，設校經費約需一百億元，目前的經費著落還是一大問題。而二校整併如果所需經費是超過新設學校，是否有整併必要，必須評估。換言之，就長期教育效益言，如果有其需要及發展重點，對教育經費投資是應當的且是必要的。可是如果只是形式且無法發揮整合的教育效果或達到應有效益，那麼如此教育經費支出是否必要，則有待商榷。其三，當然交大及清大二校相為比鄰，其地緣關係可減少很多問題，同時二校學生各為七千多人，所開設學門有互補效果，但二校目前在國內大學評比中都在伯仲之間，從幾次大學評鑑中看出，二者潛力及實力都相當高，如果讓二校各自發展，政府適時輔導，對二校發展成為國際頂尖學府，是指日可待的；同時，二校整併將有一萬四千多名學生，其學校規模將限制未來發展空間，也就是說，如果以七千名學生來發展，其潛力及空間較整合後的發展更為彈性。這是就長遠的教育效益所應思考的面向。

　　大學整併有其一定條件及特定目的，一定的條件是指學校規模

過小，如現有學校土地過小，無法發展成一所具規模的大學，尤其在都會區尋找擴充校地不易；加以學生嚴重流失，或者學校品質（如研究的水平及研究風氣與學校的讀書風氣等）無法持續提高，以及政府的教育經費不足，無法提供各校發展所需等，都是整併條件。大學整併之特定目的是要讓大學轉型（如目前的師院為了轉型為綜合大學），或是為了節省國家教育資源與提高國家教育競爭力等。在具體目的及主客觀條件下，大學整併才有意義，才可水到渠成。

以目前高等教育政策，大學整併作為發展方向，並不鼓勵也不反對，不過如果要整併，應有以下考量：

首先，大學整併，不管是長期或短期評估所得結果，都不應給國家教育財政帶來更多負擔，就如嘉師及嘉技二校整併，估計要額外要求政府八十多億元教育經費，同時二校整併後的人事費（如新聘教師）都仍未計算在其中，如此龐大經費，且其效果仍未展現，交大及清大應心存警惕。

其次，目前國內大學校院有整併趨勢，例如嘉義師院與嘉義技術學院整併為嘉義大學。屏東師院與屏東技術學院、花師與東華大學、國北師及台大等又積極進行整併。固然大學的教育資源有限，可是學校在整併過程有很多因素未充分考量。如二校是否在教育資源有互補效果、是否真可發揮地區教育特色、是否可以結合當地環境及文化，配合我國產業之人力需求進一步調整。也就是說，大學整併要有其合理調整空間與主客觀因素條件，才能展現政策意義，否則，一味整併並無法看出我國高等教育特色及未來發展方向。

最後，仍有很多彈性整併方式值得參考。以清大及交大二校的地緣關係，它可透過二校學生互選學分修習，學校學分共同承認、校舍及設備共享、師資交流及研究團體合作建立（即跨校的合作研

究）等，不再是單打獨鬥方式，也比目前大學整併還有益及方便。同時，如果將上述教育資源共享整併方式，置於我國未來大學整併政策，即透過網際網路教學、共同承認學分及共享教育資源，也是很好的整併方式，並不一定要大費周章，勞師動眾整併。1960 年代，美國校園環境就出現無牆學校、打破校際間教育資源共享，其目的在突破學校教育資源限制，這也值得學習。

　　總之，大學整併，對於我國的大學教育政策注入另一股發展的方向，不過其利弊還有待評估，不可躁進。

柒、大學拔尖計畫的背後

　　教育部於 2005 年 6 月指出要以五年五百五十億元經費，讓台灣的大學進入世界百大。這政策已讓各界憂心忡忡。因為它涉及大學公法人化、大學整併、大學教育經費分配、大學競爭力提升、未來大學教育發展，以及如何讓大學有合理發展等問題。

　　就大學公法人而言，目前教育部對於大學公法人化並沒有法源，所以要以公法人化才可接受這項補助，實未依法行政。就學理來說，大學公法人主要在於大學由國家設立，由國家監督；同時公立大學並無解散自由；另外，所有大學成員應是強制加入，並且有特殊權力關係（此種權力，可能是大學主體與教育當局、大學行政人員與學生對社會關係等）。依公法人設置精神，大學公法人化主要目標在於大學可從國家機關組織獨立出來，與國家之間有一種特殊關係存在。此種特殊關係包含很多，例如大學預算、人事制度、財務制度、行政救濟程序等都不應再受教育部管制，也就是說，未來大學就不必再向教育部申請年度預算。這對教育部來說，可以節

省龐大的教育經費,教育部所關切的應該在此,但幾十年來教育部對大學管制與監督是事實,教育部豈會鬆手,不再管轄大學?簡言之,五百五十億元僅是一個餌,重點是大學不要再向教育部申請經費,而需要自給自足?

拔尖計畫是讓大筆資源投入少數大學,讓大學發展不再受限,並發揮特色,開闢另一條出路。但如果僅照顧少數大學,那麼台灣另外一百五十餘所大學又怎麼辦呢?是否他們就不必提升教育素質?而重要的是在拔尖計畫中,教育資源掌握在重點、重要人士、具發展歷史與規模較大的學校,其他大學無法雨露均霑,這更顯示台灣未來的高等教育經費分配的不合理與不公平。未來台灣的大學將面臨「學術均貧」、「教育資源更不均」、「聲勢壯大者發展愈大,而沒有關係與臍帶者,成為『邊陲大學』」。

總之,現階段該思考如何讓國內各大學「均質」發展,而非讓所有大學「均貧」生存及處在「不均」的苟延殘喘上打轉。教育當局果真要拔尖大學計畫,對公法人化、整併、大學競爭力的問題解決了嗎?如果這些重要基礎都未釐清,拔尖計畫是無法如預期的。直言之,如果真的投入五年五百五十億元,在未能解決上述問題前提下,最後台灣的大學無法進入世界百大,當局將如何對國民交代與解釋?

捌、整併、搶錢與整病

教育部為發展頂尖國際大學,計畫於 2005 年 6 月投入五百五十億元經費,而所謂「頂尖」大學僅有四所大學有搶錢機會。在計畫背後,問題重重。因為它包括高等教育經費合理與公平分配、大學

整併與大學法人化的複雜交錯，以及如何提高高等教育競爭能力的問題。

首先，就教育經費合理與公平分配而言，教育當局指出所要的條件是「規模化」，但能夠符合條件者僅台、清、交、成等四所大學享有機會。清大與交大要整併之後才有機會，而其餘一百六十餘所大學無法雨露均霑。這會讓目前國內大學呈現學術資源貧富不均、「差者愈差、優者卻不一定優」。因為不受補助者多，加上近年大學生人數增加，學生教育品質下降，「均貧」已是事實。如果這樣而讓其他大學僅能乾瞪眼，不能分一杯羹，並非好事。因為學校要提高品質僅能從學雜費下手，學生成為受宰的羔羊，這也難怪無法接受挹注的學校要提高學雜費，來做小本經營的大學教育。而能爭取到經費的學校，又各自角力、各有算盤。重要的是，如爭取到經費之後，要如何運用，各校都沒有提出合理與周延的計畫，這豈不在浪費公帑？

其次，就大學整併無法在短時間內完成。在此計畫中，清交有機會爭取這筆五百五十億元的一些補助，但教育部認為前提是需要整併以符合「規模化」，不過這樣整併卻限制兩校發展。因為兩校在先前的校務會議已討論多次，校內師生沒有共識。何況兩校整併早已喊了十多年，都未有成果。1994 年郭為藩擔任教育部長，兩校就提出規劃整併；楊朝祥、曾志朗與黃榮村也都喊過，也都不了了之。如今「以經費綁樁」，究竟以「整併」綁樁所為何事？

第三，公法人化前提下才可爭取這五百五十億元，讓人無法接受。也就是說，教育部以「公法人」來逼大學就範，台南的成大就是一例。這也難怪成大校方會說「含淚來支持大學公法人」。這其中無疑也隱藏著很多疑問。最讓人想不到的是教育部要做「教育部大學」。因為合理的公法是大學可以不要再向教育部年年要經費，

卻必須接受教育部管理監督。何況目前公法人並無法源，要如何運作、學校教職員如何定位、經費如何分配運用都未釐清，又何來法人化大學。易言之，拔尖的計畫究竟有沒有完成配套措施才來執行？

最後，令人質疑的是，是否大量經費投入高等教育，就會讓大學具有競爭力？是否就能夠讓這些大學進入世界百大？傳統上，教育行政當局都認為只要經費投入，就會有很好的競爭優勢，其實這是迷思。因為投入大筆經費而不問績效與管考，高等教育經費投入多並不一定就會有競爭力。就如 1998 至 2004 年政府投入一千五百億元進行教育改革行動方案，經費是用完了，但國民教育、小班問題、師資培育中的流浪老師問題、新課程讓學生無法接受問題、多元入學考試問題、高等教育素質下降、技職教育無法轉型等，仍然是支離破碎，無法將整體的教育政策建構起來，換言之，沒有達成教育改革總諮議報告書中的理想與願景，不就是一個活生生的例子。

其實，國內高等教育資源分配不均、公私差異大、學雜費不斷提高，家長抗議聲不斷、大學校數太多、競爭力下降、學齡人口減少、入學人數將大幅減少、大學將面臨關門的問題早已柔腸寸斷，當局應先將這些高等教育的問題與病狀進行「整病」，再來談整併、公法人與拔尖計畫，才合乎高等教育發展。

總之，當局應好好思考，究竟大學教育目的何在？目前台灣的大學教育問題何在？以及目前所提的拔尖計畫是否真的能如當局想像的，投入經費之後，台灣的大學就可進入世界百大？如果五百五十億元投入之後，仍未進入百大，又將如何向國民交代？

玖、大學評鑑的方向

　　教育經費有限，各大學爭取教育經費是理所當然，但大學本身應做好教育資源運用，否則投入更多經費，執行之後亦未經過評估良窳，也是浪費。為此大學應接受評鑑，也就是進行各大學評鑑是勢在必行。所以，各大學爭取資源的同時，更應強調大學評鑑的重要。

　　尤其教育部一方面說要大學總量管制，卻一直擴張大學教育量，造成對高等教育經費投資比率下降、大學國際化腳步又不足、大學生師比高、樓地板面積不敷使用、大學退學率低、學生素質下降、大學甚至碩士與博士畢業生找不到工作的人力資本浪費等。同時過去幾次的大學評鑑都沒有公布結果，以及提供良好的改進建議，因此對即將要進行的大學評鑑，有以下的期許及建議。

　　首先，應讓教育部、大學、大學師生及行政人員，乃至於社會、產業界掌握大學評鑑目的。大學評鑑目的有幾項：1.掌握各大學自我的未來發展方向，不會再盲目、無目標的發展。2.了解教育資源投入效果，避免無形浪費。3.教育評鑑提供大學進一步改進發展缺失的參考。4.大學評鑑作為教育品質保證，也作為學生學習環境基礎。5.大學評鑑作為教育改革方向，因為大學評鑑找出大學在社會及學術發展盲點，透過大學評鑑提出大學改進藥方。最後，大學評鑑增加學校的競爭力，並提供學生在選擇大學就學時參考。簡言之，大學評鑑可帶動大學良性發展。

　　其次，大學評鑑應掌握評鑑方式及過程，更重要的是提供大學改進的建議及發展方向。也就是大學評鑑如沒有掌握過程評鑑與結

果評鑑、專家評鑑與校內人士共同評鑑，或大學評鑑沒有建構適合不同學門評估的指標，以及大學評鑑沒有持之以恆，而僅以隨性評鑑、政治干預評鑑、走馬看花的評鑑，都無法達到大學評鑑效果。易言之，大學評鑑若沒提供評鑑後應改進的方向或未進行評估之後的罰則，那麼大學評鑑僅是皮毛，未能讓大學實質改變，這對大學評鑑目的無法達成。

　　第三，大學評鑑應公布結果，讓大學、產業及各界能掌握各大學的發展方向。教育部過去都有進行過評鑑，但都沒有公布結果，兩年前又曾以學術生產、單位學生成本、國際化評估大學表現。尤其以 SSCI、SCI、EHI 論文篇數作為大學表現的評鑑指標是有迷思的。因為大學的學術研究、教學及服務都重要。學術研究雖為重點，但更應重視大學對學生教學啟發、培養優質國民及良好的大學生為目的。甚至大學與產業結合，發揮學術創新效果，這樣大學存在於社會才有價值。試想大學生畢業後卻失業、大學畢業者犯罪率增加、大學生不快樂者多、學生找不到生活目標，因此，大學評鑑不能單以大學單位學生成本、校地面積、大學論文篇數為已足。大學評鑑應掌握大學發展精神、大學學術創新、大學教學是否讓學生提高學習效果、大學是否可以讓產業界有更多研發、大學是否具有批判社會效果，否則如果僅有形式評鑑，意義與價值又何在？也就是說，如不顧及學術與產業間合作關係，大學的服務、研發與批判功能又在哪裡？

　　第四，大學評鑑的背後更應了解大學自我表現及大學評鑑的重要。也就是透過評鑑掌握大學全方位的發展。例如教育部對大學評鑑應依不同學門、不同大學類型進行排列及評鑑、不同大學建立不同評鑑指標。各大學評鑑應以大學的投入、歷程及產出等不同面向，建立評鑑指標，依不同標準評估。也就是說，教育部過去僅以

期刊數論文多寡、校地面積與學生成本等，就論斷大學表現或國際
化情形，實過於簡單。

　　最後，大學評鑑應由超然評鑑機構進行，讓大學及大學校長，
甚至社會各界能夠欣然接受，而不會有政治干預與外行人評鑑內
行，或隱善揚惡的不當方式。過去教育部在進行大學評鑑時常是球
員兼裁判，一方面不敢將大學評鑑結果公布，因為反彈；另一方面
評鑑受到某些有力政治官員及有力人士把持，所以不敢對知名大學
進行深入評鑑。為讓大學評鑑更具公平、客觀及合理，及讓各大學
接受評鑑結果，大學評鑑宜由財團法人大學評鑑機構來執行，未來
評鑑作業宜交給這獨立且專責公正的單位進行。經由專業及人員建
構適合不同大學發展評鑑指標進行評估，更能讓社會及大學心服口
服。易言之，當有專業及獨立的大學評鑑機構時，可去除大學的
「門戶派別」、「保護主義」、「各方競爭但不利弱小大學的效
應」。

　　總之，大學評鑑宜更合理、公正、永續及指標化地進行，讓大
學評鑑成為大學發展的強心針。也就是說，讓大學評鑑或排名應有
競爭與淘汰機制參考，否則大學評鑑僅能束之高閣，對大學培育學
生素質、大學的社會服務關懷、批判角色與實質對社會做出貢獻的
功能會有限。

拾、高等教育擴張與失業

　　近年來，台灣廣設高中大學，所以高等教育量膨脹速度非常
快。新大學不斷設立，整體大學校數持續增加，2003 年有一百五十
四所大專校院。接著是績優專科學校改制為技院或科大，改制後學

校規模不斷擴充。而公私大學雖說要總量管制，但各校在校務基金壓力下，不斷擴充原有規模，不斷增加新班級、科系、研究所，甚至學校設立分部、分校擴充原有學校規模來「搶學生」，以收取更多學雜費。「學店」也造成「學士多如狗、碩士滿街走」現象。

　　前述高教問題影響深遠。一是以家長與學生角度而言，每人都上大學，若沒有上大學，將來如何在社會立足？所以經濟不足仍讓他念，否則就沒有社會階層流動機會。家計貧富差距大，學費對家長是重擔。二是高等教育素質下降，人人都接受大學教育之後，大學總退學率不到 0.1%，沒有嚴格把關，造成學生素質低落，高級人力素質會下降。三是學校資源受分割，經費由各校雨露均霑，無法凸顯每所高等教育機構特色。因高等教育資源有限，過去僅幾所學校分配教育經費，今日學校數超過前者數倍，且學生人數不斷膨脹，學校可獲得的教育經費必然減少。因而教育資源無法無限供給，讓整體高等教育單位學生成本降低，教授要負擔學生人數增加。四是社會文憑觀念重，學子及家計單位盲目投資高等教育，造成家計無法負擔學生學雜費，喪失機會成本，重要的是畢業後，無一技之長，形成畢業即失業。這些都是未來台灣年年都要面臨的問題。

　　在高等教育擴張之後，造成學生失業嚴重。據行政院主計處 2004 至 2005 年統計失業率發現，整體失業率達 4.5%至 5.29%，相較過去政府的 2%至 3%失業率高出很多。在 5.29%失業族群中擁有學士、碩士或博士文憑者不在少數，有的大學畢業多年仍無法找到工作，或找到工作卻不如所願。因為薪資低無法回收昔日大學投資成本；再者工作無挑戰與競爭，造成人力浪費。例如擁有高等教育文憑擔任加油工、便利商店部分工時打工、擺地攤、開計程車、碩士應徵清潔隊員、博士參加國家普通考試與三等考試等。這凸顯國

家或家長在教育投資浪費、高學低就，以及學士、碩士與博士畢業無用論困境。探其原因是政府大量擴張高等教育，使高等教育由過去「精英教育」轉變為「大眾教育」與「普及化教育」所致。

各界都在檢討整體社會價值觀、產業界與教育市場供需因素，但更重要的是當局應省思高等教育量持續擴張。也就是說，高等教育擴張是失業問題重要因素。就如 1996 年加拿大、法國、芬蘭、荷蘭、瑞典、西班牙、愛爾蘭、德國與義大利等先進國家的整體失業率各為 9.7%、12.1%、16.1%、6.4%、8.0%、22.2%、11.9%、9.0%、12.2%，這些國家的高等教育在學率各為 87.3%、51.0%、74.1%、47.3%、50.3%、51.4%、41.0%、47.2%、46.9%，而這些國家平均國民所得（經濟發展較我國高）在一萬八千美元以上，仍有經濟作為高等教育擴張本錢，顯示高等教育與失業率有關。但這些國家有較完善的社會福利制度做後盾。因而高等教育擴張尚可應付。

如果以各國的高等教育在學率與國民所得運用散布圖的方式來掌握各國高等教育狀況，更可以了解。圖 6-1 就是依據兩個變項繪製而成。圖中直線是最適迴歸線，也就是各國平均發展趨勢。如果高於這個線的國家應該是高等教育在學率過量，反之，則是高等教育在學率擴張不足。以台灣來說，1996 年國民所得約 12,686 美元，但是高等教育在學率為 46.9%，已高出各國的平均水準，圖中更看出美國、加拿大等高出最適線非常多，而瑞士與香港則是在該國民所得水準下，高等教育在學率擴張不足。以色列則是在最適線上，表示國民所得水準與高等教育在學率擴張是適切的。

然而，失業問題與高等教育擴張不限於已開發國家。開發中國家有很多經濟發展不佳、國民所得不高，但高等教育在學率卻一再擴張，因而造成失業率一直居高不下，諸如斯洛溫尼亞、斯洛伐克、波蘭、保加利亞、拉脫維亞等，1996 年的高教在學率各為

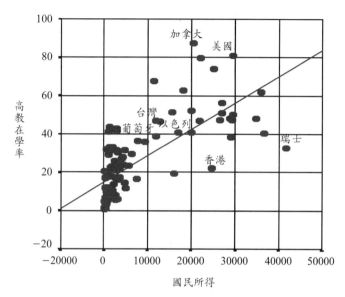

圖 6-1　1996 年各國國民所得與高等教育在學率

註：此圖各國數據資料取自 World Bank（1997）. *World Development Report*. New York:
World Bank.台灣的高等教育在學率取自中華民國教育統計（2000），國民所得
取自行政院主計處（2000）。社會統計指標。此圖為作者自行繪製。

36.1%、22.1%、24.7%、41.2%、22.5%、33.3%，這些國家的失業率
各為 13.9%、12.6%、12.2%、12.5%、7.8%、7.0%，但他們 1996 年
平均國民所得在 6,200 美元以下，沒有經濟制度為奧援，社會福利
救濟制度較不完備，失業所造成的社會混亂較嚴重（為了解近年各
國的失業狀況，列舉如表 6-1）。

　　總之，台灣在 1996 年高等教育在學率達 46.9%，比前述先進國
家略高，國民所得一千三百美元比前述先進國家低，但整體失業率
在 5.3%，未來高等教育如持續擴張、沒有淘汰機制、未提升高教素
質，則高等教育學府將有考生「足額錄取」、「全部錄取」之外，

表 6-1 各國近年的失業率

年度	中華民國	香港	日本	韓國	新加坡	美國	加拿大	德國	英國	法國
1995	1.79	3.2	3.2	2.1	2	5.6	9.5	10.2	8.3	11.6
1996	2.6	2.8	3.4	2	2	5.4	9.6	11.2	7.6	12.1
1997	2.72	2.2	3.4	2.6	1.8	4.9	9.1	12.5	5.7	12.3
1998	2.69	4.7	4.1	7	3.2	4.5	8.3	11.4	4.7	11.8
1999	2.92	6.2	4.7	6.3	3.5	4.2	7.6	11.2	4.2	11
2000	2.99	4.9	4.7	4.1	3.1	4	6.8	10	3.8	9.5
2001	4.57	5.1	5	3.8	3.3	4.7	7.2	10	3.2	8.7
2002	5.17	7.3	5.4	3.1	4.4	5.8	7.7	10.9	3.1	9
2003	4.99	7.9	5.3	3.4	4.7	6	7.6	10.5	3	9.5
2004	4.44	6.8	4.7	3.5	4	5.5	7.2	...	2.8	...

資料來源：2005 年 7 月 11 日取自 http://win.dgbas.gov.tw/dgbas03/bs8/world/unemploy.htm

更重要的是在職業、產業結構中擁有高等教育文憑者卻是失業、大才小用、學非所用、人力閒置等。這問題豈能以持續擴張高等教育量政策來解決？

拾壹、大學退學率偏低

88 學年度大學退學率非常低。自 87 學年度起學校退學的標準由各校自訂，經過兩年實施，大學生不及格退學的比率，從 87 學年的 0.71% 微上升為 0.95%，顯示各校退學已有改進。

值得注意的是，彰化師大及七所師範校院退學比率均低於 0.1%，彰師、中師及花師退學率更是掛零。《中國時報》評論認為師範學院退學率低是因師範學校放水教育、讓學生偷渡、過度保護、教師

給與過多機會，及師範學院未能把關所致。他們憂心，未來如果師範學生的素質降低，學生在畢業後將如何到職擔任教師？媒體報導後，師大校長隨即回應指出，師範校院的學生一向很自愛、學習自動自發，因此師範校院學生當然退學率低，並無問題，豈會降低師範校院的學生素質？

其實，雙方論點都無疑問。一者，師範校院的科系大部分為人文及社會科學，所學習的內容，並無一定的標準，因此教師在評量學生時，當然會有主觀的成分在其中，其評量方式與理工類科凡事講求正確、實驗及標準化的答案有所不同。再者，師範校院的學生當然是素質頗高的學生。從聯考的排名可略知一、二。

師範校院退學率低有很大部分原因是所學習內容過於簡單、重疊、沒有挑戰、沒有標準答案、沒有創新及沒有一定的標準所致。為什麼會有如此現象呢？以本身是師範體制出身，目前是老師，對師範校院學生在四年的學程學習，所得到的教科書內容及課程設計有很大關聯。筆者也讀教育科系，十多年親身經驗發現，教育學程及師範類科過於重疊學習、過度學習。以大學一年級的師範校院生為例，他們都一定會有一門教育概論、教育導論、初等教育、教育學導論或教育學等科目。在各個師範校院開課時，由於教育學並不是一個很科學的學門，因此，在教育概論或教育學課程的設計時，就是一種拼拼湊湊，就如教育學將心理學、社會學、哲學及行政學的內容，做一個大拼盤式的整理起來。因為教育概論是將各學門主要觀念彙整起來，並沒有教育學的主要內容；因而一人一義、十人十義，大多數的教授都可以概（蓋）論，也就是說，很多課程內容並沒有經過學術檢驗、考驗、測試或實驗，就落入教科書之中。有的僅是假說並非事實、未構成成熟的理論，教完後就評量學生，問題當然產生。學生進入大二、大三，甚至大四時，所學習的仍是對

大一的概論再學習一遍。有些科目在同學期中，不同科目卻學習到相同的概念。學生重複的學習，學習問題未改變，教師也沒有加以研究證實，當然教育學程知識的客觀程度就降低很多，也就沒有標準來衡量學生，學生退學率無形中就降低很多。這是很重要的原因。

由於學生的過度學習、混亂學習、龐雜學習，以及重複學習，到頭來就出現幾種情形：一是學生對於教育類科覺得並沒有內容好學。二是在過度學習相同教材時，學生感到索然無味，因此在教學評量學生時，學生就感到格外容易。三是因為教師沒有進修及研究，所傳達的教學及觀念一再的冷飯熱炒，就在教師沒有新的觀念及知識下，教育學程或師範校院的學生就覺得學習非常容易過關，因此，學校的學生通過教學評量容易，學校退學率就減低很多。

師範校院或教育學程的學習內容會如此重疊，是與學生的退學率低有某些關聯。探究其主要原因有幾項：一是師範校院的課程設計有問題；二是師範校院的教育專業科目未能明確列出專業的標準；三是師範校院的課程及教學內容重疊性高；四是教育學程的教科書之創新、更版內容過慢，無法與時代並進；五是師範校院所進行有關的研究偏於表面，未能有實質、深入、基礎及扎根性的研究，因此就無法將所研究到的內容納入師範校院或教育學程的課程或教材之中。當然，學生的學習心態、成就動機降低與退學率也有關。

師範校院退學率低值得檢討。當然也非要退學率高，大學教育素質才高。但是誠如前部長曾志朗所指出：「今天要教導學生具有創造力，可是我卻在坊間的教育心理學或心理學的大學教科書發現，在創造力一章，教導創造力的觀念及方法，與 1960 年讀書時的內容一致」。部長有感於師範校院課程未能創新、教材老舊，可說是對師範校院培育師資的一種警惕，也是師範校院退學率偏低的

一種間接反應，不是嗎？

拾貳、大學校長的遴選問題

　　2005 年 3 月幾所國立大學校長遴選問題浮出檯面。先是台師大校長因遴選資格可能不符，而遭教育部停職一個月；台大校長選舉六位候選人，僅有一位通過學校初選門檻，但在選舉過程中，黑函、攻訐、政治角力，鬧得沸沸揚揚，讓校園不安寧；而在國立台北師範學院校長遴選也已進入第七次，相信這是較為人所不知的，在選舉過程中，遲遲無法提出適當的候選人，讓校務無法順利推展。

　　前述三所大學都相當知名，台師大是師範龍頭、台大是國內大學牛耳，也是政府一意要提升為世界百大的學校，而國北師則有百年歷史，在師範校院算是舉足輕重。但為何三所大學無法選出校長呢？這是值得關心的問題。

　　據筆者看法，其問題在於教育部干預、校園自主誤解及學校選舉過程太過以政治化考量，因而產生這樣的結果。

　　首先，就教育部干預而言，大學校長遴選最後一關是在教育部所組成的委員身上，因此學校所選出的人選，可能無法被教育部青睞，因此，教育部校長及教育部長的校長就可能產生。這種情形主要是因為學校所選出的候選人在第一輪投票時，最為學校師生及職員所喜歡的人員無法獲得教育部的喜愛，因而可能其他候選人就被排除在外。現階段台師大校長、過去空大校長、台北市立師範學院校長都是同樣的問題。

　　就如台師大校長候選人呈報至教育部遴選，遴選委員共有五人，投票過程因兩位候選人，兩票對兩票，當時也是委員的教育部

次長周燦德表示：「願意將他關鍵一票，留給杜部長決定」。部長認為此舉是「不合行政程序」，因為未完成選舉投票，就呈報「投票選舉結果」給教育部長，這公然違法。部長更說「周司長是客氣，其實（他）不必客氣，我也有權決定」。這話無疑顯示教育部的大學校長遴選委員會確實操在教育部及教育部長手中。所以，教育部說遴選過程公開、合理、公平與客觀或說尊重大學自主，豈不讓人有瓜田李下的疑問？當然我們更擔心的是，如果因為政治立場不同而選出與執政立場相同的候選人，尤其執政當局汲汲營營掌握學校，說穿了是社會大眾認為要讓大學「綠化」，這可能更會讓學術發展倒退。

易言之，這對教育部口口聲聲要大學自治、尊重學校發展、尊重學校師生期待，以及尊重學校未來學術研究是一種反諷。最為學校師生所認同者無法獲得教育部青睞，未完全獲師生支持者卻為教育部圈選，這又何苦要勞師動眾辦理多場校長遴選活動？乾脆教育部指派就好了，不是嗎？

其次，校長遴選對於校園自主或校園自治是誤解。選舉過程需要學校辦理辦學理念發表，加上教育部及學校二階段遴選。這在形式上更加浪費學校及社會成本。諸多對校園自主視為所有師生對學校公共事務是經由大家討論所形成。然後再以所謂的公平公開的方式進行「投票」表決，表面上一人一票是合理，也看似民主，但在大學校園中，如果將它視為校園自主，就可能被誤解了。因為校園自主並不代表組織中的個體都有投票權，因為組織中成員並不一定都熟悉學校事務，所以光以單一投票制就決定學校事務或認定為校園自主，可能過於狹隘。

因為選舉過程可能產生「肥水不落外人田」、「自家人找自家人」。也就是學校不願意由校外、不同派別、不同學院、不同主張

的人士擔任校長。因此,學校不願意改變,外來或具某種政治色彩在學校第一輪就淘汰出局。這種排外、拒外、抗外、懼外、恐外心態,相信會在未來大學校園一再產生,這將是校園自主或校園自治下產生的不良效應,對大學發展,甚至學校經營不是好事。

最後,校長遴選太過政治化。因為校方擔心校長被色彩化,因此本著「肥水不落外人田」、不按牌理出牌、一味否定「校外人士」心態,選校長要靠邊站,僅找本校人、本院或認識者參選。這對大學一再強調要競爭力是反效果,尤其人事更新,學校經營、學校運作及學校轉型無法突破也是損失。重要的是遴選校長,校外賢達又不敢來,造成校長無法選出。易言之,學校在選校長時,將重視政治立場、人情、人脈、派系、關說、黨派立場,而不問其學術發展,這種政治化將影響校園安定。

總之,教育部與教育部長應移開那隻干預校長遴選的手,只要是優秀且學校支持的人選,教育部就應支持,進而選出學校所期望的校長。因為學校要「自己的校長」,不是「教育部單方面的校長」,更不是「教育部長的校長」。如校內遴選最高票、獲得學校師生最大支持的人士,對學校生態、學術研究、校園倫理、學校發展、學校文化了解最深。因為學校教職員工比教育部長眼睛還多、觀察時間較長、與候選人在校互動更深,不是嗎?

拾參、從行政程序看黃光彩案合理性

黃光彩案教育部在 2005 年 4 月 20 日做出了決定,但為了黃案,教育部與台師大遴選委員會共召開五次會議,結果卻仍「無法認定資格」,可見爭議性之大。此過程背後,實可看出幾個令人省思的

行政程序問題。

先是教育部為解決黃案問題，學審會聘請八位專家學者對黃案進行討論，會後傳聞要讓黃案「勉強就地合法」，也就是認定黃光彩擔任台師大的校長資格無問題。此將產生的問題是：教育部聘請八位專家學者認定黃光彩校長資格，就代表教育部只要請幾位專家學者認定，就可取代教育人員任用條例第十條第一款「具博士學位，曾任教授或相當於教授之學術研究工作，並擔任教育行政職務合計四年以上，成績優良者」的規定。這樣認定在行政程序、正當性的問題很大，因為教育人員任用條例涉及到法律位階爭議，也就是立法院三讀通過的法案，並非教育部單一機關可解決，也非如教育部所管轄或內部機關的行政命令或準則任其解釋就足夠。因此，在行政程序上教育部實說不過去，

因為行政命令解釋有一定執行程序，在民主國家爭議的行政命令解釋也應公告爭議問題、讓輿論反映、邀請專家學者座談、行政機關做成初步決定，最後再由行政機關的最高決策會議認定資格，如此才算是合法程序，也符合行政法行政機關不能逾越立法機關的立法「比例原則」。而本案涉及「法」，法的認定就更為繁瑣，程序正義、公正客觀、合理透明更是必備條件。易言之，對教育法的解釋當不能單憑教育部聘請幾位專家學者單方面或教育部法規會來解釋，它必須要經由較高層級的行政法院通盤解釋，即依行政程序法進行，即公告、輿情反映，甚至辯論或召開公聽會。經由較長時間討論來取得共識，最後才由中立客觀的法案解釋機構統籌釋義，如此釋法才足以讓社會信服，否則雖可理解學審會聘請的專家學者並非「御用學者」，但因教育部球員兼裁判，同時又沒有真正接受行政程序檢驗，有瓜田李下之嫌，更無法釐清事實真相。簡言之，教育部單方面認定與釋義就解決，日後如有類似大學校長資格認定

問題，教育部就比照聘請幾位專家學者與內部會議提出說明即可，那台灣立了這麼多教育法規、行政程序法與設立行政法院，目的又何在呢？

其次，究竟黃案在遴選校長的資格「認定」是應該由台師大遴選委員會或教育部的遴選委員會來決定呢？雙方各執一詞。這背後也涉及行政程序問題。杜部長認為「資格認定本來要由學校遴選委員會執行。在學校就已經完成資格認定。照正常情況，資格認定在教育部遴選委員會已不是重要的事情」。這說法並不負責。因為台師大可能對黃的資格認定有問題或有疏忽，事件後，主管機關可對台師大遴委會進行懲處，但教育部審查也應進行嚴格把關。因為遴選校長程序是一體的，並非分開而獨立。這就好像在行政機關中，承辦科員簽辦公文到科長、專門委員、司長，乃至次長與部長，對該項公文都有連帶責任，每個環節都應依一定規矩要求進行必要調整、修改與監督，否則「長官」、「上級」又有何意義？如果部次長沒督導，豈不造成「科員政治」，所以教育部是責無旁貸的。但從杜部長對此案的行政處理程序言論，可看出其心態正暴露出時下公務人員簽辦公文的「如擬哲學」，因為公文批示都是層層「如擬」，部長也是如此。因為事件已發生，部長就請下級單位負責，這不完全合理。因為發生問題都是承辦者罪過，上級都沒錯，這種公文文化與公務人員的鴕鳥心態，在此事件暴露出來。所以，對黃光彩的遴選資格認定，雙方都有責任，若歸咎一方對台師大不公平。

另外，對黃案資格認定會議傳聞曾試著要以遴選委員會的「投票」來定奪，這更傷害遴選體制、遴選的真正意義與行政程序的正當性。如果是「資格認定有問題」就應回歸如何認定上，以及應讓黃光彩先生提供更多資料來證明是否符合資格，而不是「資格已有問題」，再以假民主的「多數決認定」黃光彩「沒問題」。這無疑

是對於大學校長的遴選做出最壞示範。

最後，黃光彩的律師指出「如依據黃的『資格』在外國根本不成問題」，這說法不也就認定黃的資格在台灣的體制可能有問題嗎？因為黃光彩是在遴選台灣師大校長，而不是美國師大校長或新加坡師大校長，所以如果要以教育部所指出的「華生條款」來解套，這更可能有問題。

總之，針對黃案，相信台師大並非攘外、拒外、恐外、懼外，而是資格認定問題。教育部對此，應回歸行政程序的正當性來處理，也就是依法解釋，當應請專業、客觀、與法有關單位來釋義較適當。如果要放寬對大學校長遴選資格與條件，這應從修改教育人員任用條例的行政程序進行，而非就地合法，否則更失去行政程序的正當性，不是嗎？

拾肆、是誰的大學校長？

2004 年 2 月教育部遴選大學校長，結果在興大、台北藝大、台灣師大新任校長遴選大爆冷門。這三學校原先在學校遴選過程的第一名候選人，後來都沒有被「教育部遴選委員會」圈選上，而是由第二名候選人選中，這結果猶如教育部大學體現，何故呢？

一般而言，大學校長遴選都先由學校二道程序選舉，一是由學校教職員工就申請且已經過審查合格者來投票，如果候選人被投票通過之後（通常是由多位中選出二至三位），再經由學校所遴選出來的委員會投票表決出兩位候選人，接著報請「教育部遴選委員會遴選」。在過去的經驗都是在學校中第一高票者，可以獲得教育部支持，但今天的案例，就被社會批評教育部干預大學自主。

2002年台北市立師範學院也發生類似情形，兩位已在學校選出並代表學校的候選人送達教育部後，教育部卻圈選第二高票候選人擔任校長，據悉當時兩位校長候選人在學校投票時票數懸殊。這讓該校師生一頭霧水，至今仍是謎。不過給社會印象是教育部干預大學自主與自治。

而中興、台北藝大、台灣師大校長遴選出的候選人順序，與教育部組成的遴選委員會屬意人選不同，這結果也讓社會各界頗表意外，結果都是在學校遴選中第二順位者獲得教育部青睞。其原因耐人尋味。

據大學法規定，大學校長遴選為大學自主及自治範圍，大學校長遴選委員會已在大學中規定校務會議之獨立，獲得充分授權；同時在大學校長遴選過程中，學校遴選委員包含學校教師代表、校友代表、社會公正人士等，在客觀、公正、公平、公開、一人一票下遴選出適合該校的領導者，這已反映出高票者是學校師生所信賴及支持的，且是對校務發展有掌握者。而教育部卻沒有顧及學校師生選擇，如果是這樣，又何必大費周章讓學校舉辦耗時、耗力，又未如預期結果的學校遴選呢？

尤其教育部訂定的「公立大學校長遴選委員會設置及作業要點」，規定教育部長可指定遴選委員「一至二人」（委員會有五至九人），其餘由教育部視各校特性遴聘。這就顯示出教育部對於學校本身遴選的一種很大的牽制與干預，造成學校無法自主及自治。同時該要點也指出：「……本獨立自主之精神，經充分討論後合議決定，不受學校推薦人選排名順序之限制……」。看來，這無疑又是不相信學校本身的遴選作業程序以及所提出的候選人。試想，又何必要學校遴選呢？這豈不是違反大學校園自主自治？

這幾年來大學校長遴選問題一再產生。令人質疑的是，教育部

對公立大學自主及自治範圍界定如何？讓人不解。如果是要讓學校自主，又豈要在教育部設置遴選委員會？另外，大學與教育部的關係又是如何？二者之間是監督、輔導，還是干預？如果教育部尊重國立大學校務會議及學校遴選委員會決議，又豈會遴選出不同的人選呢？簡言之，教育部在公立大學校長的遴選過程及角色為何？如果經常發生國立大學自己本身遴選出的人選（可能是很高票且獲得全校師生喜愛與支持），卻不受教育部青睞，那學校花費成本及時間舉辦遴選，豈不是畫蛇添足？更重要的是，如果僅是教育部「喜歡」的人選，未顧及到全校師生意見與反應，或是未能掌握學校校務發展，將來縱使擔任校長又豈能獲得學校師生支持？校務發展又如何推動？

　　總之，近年來國內公立大學校長遴選一再大爆冷門，引起各方議論，在開放競爭社會中，任何選舉都應本著公平、公正、公開、合理、正義，才是民意及社會主流。也就是說，每位候選人都有他們的優劣，但教育部應好好思考：要遴選出的公立大學校長，是教育部要的人、要聽教育部話的人，還是全校師生要的人？是要推動大學校務且獲得全校師生喜愛的人，還是教育部長的人？如果不思考這問題，大學校長遴選又將會讓社會各界批評為教育部大學校長，不是嗎？

拾伍、重視研究所教育發展

　　我國研究所教育問題多多。各級教育發展常將研究所教育忽略，尤其近年教改，對研究所更忽視。研究生質量問題已浮現，它的高低將影響國家未來高級人力供需與素質。若將研究所經營妥

切，對國家建設將有助益。筆者在大學及研究所任教，對近年研究所觀察，發現若干問題，在此提出研究所教育問題供參考：

首先，研究所指導教授常指導多位研究生，這是大量擴增研究所之後，師資無法增加的必然問題。因此除論文品質下降之外，更無法有多餘的時間關懷學生。我國研究生制度並無英國導師制度（師徒制），教授帶領學生做研究，尤其人文科學研究所更為嚴重。這樣並無法培養具有人文及思考分析的學生。在研究所教育開放招生之後，很多教授一學期指導數十名研究生是常有的現象，教授指導學生且有教學、行政及研究之責，因此指導學生時間少，能與學生討論論文及與學生對話的機會就相對減少。這是目前的通病，也是最大隱憂。

其次，研究所課程紛雜，各校為發展其特色，因而開設相當特殊科目，這無可厚非。但很多學生又以營養又好過的學分為重，不讀外文資料吸取新知，更不以方法及技術為學習重點。另外，研究所未能考量高級人力培育及學生專業學習。若干研究所開設相當不具實用性與學術性科目，學生學非所用，造成學生學習浪費。因此研究生畢業之後，仍無一技之長，不得不轉業或低度就業。當局未能重視此現象，未來研究生在能力、技術、觀念，乃至就業與失業上更為嚴重。

第三，研究生研究品質相當低落。一者國內很多研究所，在學生畢業前的論文審查及學生的二至四年學習，並未能嚴格把關。研究生為貪快取得文憑，不讀外文與一手資料，而拷貝及複製他人的研究資料並依樣畫葫蘆的研究題目，來寫作論文，在台灣已非常氾濫。加上若干學校對學生畢業把關要求降低，並沒有學科考或研究論文發表，以及讓學生習得論文、學術寫作、表達與掌握重點及思考分析的能力。研究生素質在大量招生之後，已有降低趨勢。再者

近年來研究所擴增，各大學紛紛擴大學校或系所勢力，一一設立博士班，雖在總量管制，但卻不管學校師資及設備，常有「一所一師」、兼任老師太多，造成空有研究所之名，卻無法培養一流研究生之實。

第四，研究所派系導致研究所發展受到相當大阻礙。國內有很多學術派閥，因而在研究所招生常以自己學校學生作為號召，如此保護、搞學術小團體，與建立學閥者不在少數，因而對他校學生則一概拒絕在研究所大門外。若研究所學術派閥未能解開，或研究所講求「學術純種」、「系出同門」，將造成「近親繁衍」，無法讓研究所水準提升。整體而言，這樣的研究所教育將阻礙高級人力的培養與國家學術風氣的建立。

第五，每位研究生在畢業前夕撰寫論文，在同研究領域未能有共同的學術規範不在少數。就如研究論文撰寫引註、論文格式、論文繳交至學術團體、圖書數量、學術論文建檔等，都未能有完善要求，這對我國學術根基建立是損失。研究生未能將研究成果，以共同學術語言對話，對日後學術建立更有困難。

另外，研究生生活輔導未被重視。就如1998年4月清華大學研究生殺人事件，因缺乏生活教育及適當輔導，因而造成無法彌補的事實。究竟研究所老師應輔導學生至何種程度仍有爭論。因它涉及學生隱私與個人問題。但如何讓學生在學習、生活上有問題時，願意向學校或指導教授尋求奧援，也是應予重視。

其實，研究所教育非僅上述問題。期待研究所教育有以下發展：

第一，研究所應建立導師制度並發揮導師在學術、生活、品德上的指引作用。

第二，研究所應打破派系、門閥、學閥、純種主義、系出同門的觀念。國內應不再講究純種學術派閥，而應建立自由的學術體

系，使研究學習領域無遠弗屆。

第三，研究論文品質應嚴格把關，對研究生論文學術對話體系建立應有共同規範，而不再是紛雜局面，因而形成「一所一國」與「各所各自表述」的論文格式。

第四，研究生學習價值觀應朝向豐富知識以及與國家建設有關研究，而非為文憑而努力的學習態度。各大學亦應不以搶學生為職志，也就是研究所就學人數並非一味擴增就好，各校該審慎了解國內未來人力需求與學生價值觀，培養研究能力，配合國家整體建設，有系統培育，而非盲目的增設研究所、擴增學生人數。

第五，研究生應有第二專長培育，除因應未來社會環境、減低學生就業風險，以及低度就業問題之外，更讓他們能適應社會變遷，避免教育投資浪費，讓學生學以致用，才不致浪費人才。

總之，建立研究所特色，培養優秀研究生，貢獻國家，重視研究所教育發展，刻不容緩。

拾陸、研究生類型

每年研究所畢業季節，網路有「代寫論文」的廣告，每篇碩士論文以數萬元對外承包生意。外傳很多論文是這樣撰寫出來的，這對研究所知識生產是警訊。

國內研究所學生數暴增，研究所呈現「學士化」，就因為碩士班學生人數不斷增加，學校老師受限員額編制，因此學校僅能聘兼任老師授課或指導論文。但一篇好論文完成須投入長時間，研究生往往不願意，因為他們要速成論文，所以就有代寫產生。作者近年在研究所授課及指導論文時發現有幾種類型的研究生。

　　第一，「行屍走肉型」的研究生。這類研究生不了解念研究所的目的。此類研究生對學習目的、學習內容、學習方向不清楚，往往僅看到他人念研究所就跑來考研究所，以就讀碩士班及博士班。也就是說，他們根本「不知為何而戰、為誰而戰的念研究所」。這類研究生稱為行屍走肉型，主因是他們僅在畢業需求及要畢業壓力下，才慌亂找一個論文題目，甚至請槍手代為操刀，來完成研究論文。這樣的研究生目前在國內為數不少。

　　第二，「家長要求型」的研究生。他們學習的態度消極、被動，對於知識追求並不積極。這類學生對研究所課程雖略有掌握，但對所學科目並不一定感興趣，會來念研究所是家人的壓力與期待，其目的並不在求得個人的知識升級，而是在完成家長心願或作為揚眉吐氣的工具，也就是對家長有交代。這樣的學生常在修課上並不積極，對於研究問題也不會主動探求，老師說要如何進行，他們才進行。易言之，這類的研究生稱為「家長要求型」的研究生。

　　第三，「不會思考及找題目型」的研究生。這類的研究生在學習過程除上述的被動與消極之外，對於個人未來要畢業的論文題目並無法找出正確及可行的方向，也就是他們依賴老師提供論文題目。易言之，研究生要撰寫論文過程不了解如何形成研究問題，也就是不會找問題、不會思考、不會形成好的或有價值的研究問題。往往很多研究生為了畢業就向老師要論文題目，或仿造先前畢業的學生操弄一篇研究，但未真正思考「該問題」的實質研究內涵與價值。

　　第四，「外務繁多型」的研究生。這類研究生僅將研究的過程當作是副業，正職是在外打工賺取經濟報酬。外務型研究生投入研究時間少，閱讀時間也少，與師生互動的機會更少，所以他們無法在研究所中習得基本的研究能力。因為以外務為主，所以對於研究

知識及方法學的課程無法很深入，往往在修完課之後，就無法繼續進行論文的寫作。這樣的研究生在目前有愈來愈多的趨勢。

第五，「積極認真課業型」的研究生。研究所中並不是所有的研究生都是不好的，也有積極認真的研究生。這類學生是採取「四要一有原則」來面對學習，所以他們在研究方法、研究態度、主動閱讀新知下，增強他們的研究能力。研究生的「四要」是指有挑戰與扎根學科、治學方法與工具科目、閱讀英文報告多、要期中末考者都會修習來提升能力。而「一有」是要有期末報告者最好來提高撰寫論文能力。因此他們認真實驗與學習，加上在研究方法與態度積極下，完成研究論文不是難事。

第六，「在職工作型」的研究生。這因為教育當局的終身教育政策使然，使得在職場者可進修研究所碩士班。因為他們是在職生，白天工作又要念書，無法專注學習、寫作與顧及家庭，所以對論文投入時間少。在學習階段沒有寫作論文與發表能力，所以撰寫論文就格外吃力。這類研究生因客觀條件受限，往往要多年學習才可畢業。

最後，「與學校及論文脫節型」的研究生。這類是將學校規定的學分數修完之後，就與學校脫節。因為與學校脫節，所以更無法好好深入了解研究問題所在。尤其對研究資料取得、對研究論文基本格式無法掌握，與老師無法深入互動，因此修完課程後，與學校、老師脫節，當然只好急就章請人代寫論文。

總之，目前研究所碩士班已有大學化的現象，各大學與教育當局應正視研究生的培養，否則廣開研究所，卻無法培養會思考與研究的學生，研究所的目的就消失了，不是嗎？

拾柒、正視研究生培育問題

　　國內研究所數及學生數每年暴增，研究所已呈現「學士化」，各大學校院在研究所開班除日間部正規班，又有夜間班、暑期班、週末班或以不同名義申請立案班別，可說如雨後春筍。各大學為了校務基金收入，把學生當「金雞母」，並以百貨公司方式經營，大量招收研究生收取高額學雜費，作為學校生存之道。因而在碩士生培養已朝大班教學，缺乏師生互動與低教育品質，今日各大學碩士班少者一班二十餘名學生，多者四、五十名。這與過去大學部的學生名額沒有兩樣。可想像十年後，博士班問題將如碩士班一樣上演。這是近年大學擴張的結果。

　　因為碩士班學生人數不斷增加，但學校老師受限員額編制，因此學校僅能聘兼任老師授課或指導論文。有些學校系所更規定縱有在該系所授課者，亦不能指導學生，在學生要畢業需求下，一位編制內教授指導學生論文人數少者五名，多者十數名。因此，老師要花更多時間來指導學生，其實有其客觀條件限制。

　　眾所皆知，一篇好的碩士論文完成須投入長時間。然而，老師一方面有教學授課、行政及服務負擔，又要面對研究與升等壓力，另一方面要能指導多位碩士生，其實有其困難。何況，目前指導一位碩士生指導費少得可憐，老師指導學生憑著一份義務、責任、研究及個人價值信念默默付出。甚至有些老師看到學校對指導論文限制，就乾脆不指導，因為老師時間有限，而學生又想要快點畢業，取得碩士學位。所以，在師生「供需觀點不一」，不良論文、代寫論文、沒有嚴格把關論文、粗製濫造論文確實愈來愈多。我們可理

解教育當局三令五申，學生畢業論文涉嫌抄襲或找人捉刀，經查證屬實必須撤銷學位規定，但上述客觀條件未能解決，未來碩博士論文，甚至大學知識工廠名號，實難看出發展性。

上述僅是代寫論文因素之一，更重要的是「研究生」本身問題。作者在大學已指導多位研究生，研究生論文無法寫出或代寫論文原因很多。關鍵因素在研究生。作者近年在研究所授課及指導論文發現幾個重要現象。

第一，研究生學習目標不明、方向模糊、定位不清、對研究所認知誤解，及自我了解與認知未能掌握。也就是，他們根本不知道為何要念研究所，根本不了解研究所是為了增加知識及提高研究能力而設計的課程。說穿了，就是「不知為何而戰、為誰而戰的念研究所」。很多「研究生」是因學長姐、家長與老師勸說、逃避兵役或延緩就業壓力而來念研究所。這種現象普遍存在國內研究所。

第二，研究生在學習過程採取「四不一沒有的原則」，結果產生了研究方法欠缺、研究態度消極、被動閱讀新知。研究生的「四不」是指對有挑戰與扎根學科不學、治學方法與工具科目不學、閱讀英文報告多者的科目不修、要期中末考者不修，以及期末沒有報告者最好。因此學生好逸惡勞、專挑營養學分、不認真實驗、僅求報酬，因此在研究方法與態度欠缺下，無法完成研究論文實所難免。另一方面，因為目前研究所大班教學，師生並無法深入互動，有很多系所老師僅兼課，上完課就走人，並無法與研究生有良好互動、討論研究論文或研究方法，也是主因之一。

第三，研究生要撰寫論文過程，並不了解如何形成研究問題，也就是不會找問題、不會形成好的或有價值的研究問題。

第四，研究生對課程未能掌握，對所進修的研究所方向無法掌握，加上對課程內容不願多花時間努力、外務繁多，所以專精課程

無法深入學習，就無法形成好的論文問題及寫出好的碩士論文。當然，研究生未能運用更多時間學習論文寫作，因為很多研究生為在職生，白天工作又要念書，無法專注學習、寫作與顧及家庭，所以對論文投入時間少。當然，學習階段沒有論文發表能力，所以撰寫論文就格外吃力，也是原因之一。

總之，國內研究所碩士生培養該是各大學與教育當局正視的時候，當局應考量主客觀因素，解決上述問題，否則廣開研究所班別，卻無法培養會思考、研究與解決問題的研究生，那設立「研究所」，其目的又何在？

拾捌、同校雙軌的迷思

教育部 2005 年 4 月指出將開放普通大學招收高職生，科技大學及技術學院也可招收高中生，也就是說，未來普通大學有高中職畢業生在同校學習，而科技大學也是。此種方式教育部稱為「同校雙軌制」。其實，這方式有很多迷思。

第一，如果大學招收高職生，最大問題在於普通大學內沒有職業類科的師資、設備或相關學習資源。因此如果高職畢業生進入普通大學之後，沒有師資可學習、沒有設備可實驗及職業實習來運用。因此，讓高職畢業生在普通大學學習是學習及時間的浪費。相對的，如果是進入科大的高中畢業生，因為沒有高職階段的基本觀念與知識，要延續科技職業教育更是毫無頭緒。因此，這種同校雙軌學習方式不論是對高中生或高職生都有不利影響。

其次，就整體的教育目標與教育制度來看，職業教育主要在培養技術能力的基本目標，而大學則是人文與從事研究方面的目標。

也就是說，若沒有將技職體系或普通大學特性明確區隔，試問為何還要區分職業學校及普通高中呢？或是為何還要區分為普通大學及科技大學呢？易言之，從原先教育制度來看，每種教育制度及學校類型都有特定目的及所要追求的發展方向，在學校特性不同、定位不一、取向迴異、學習方向異質與學校發展差異前提下，如要將「原先定位的學校」（如科大或大學）來招收不同性質的學生，這對學校制度定位及學校類型會混淆不清。大學將不再那麼單純與具有特色，技職校院也將無法找出定位。易言之，職業學校不是職業學校，普通大學也非普通大學，這種學校發展更讓大學學制混亂，日後對大學類型將無法明確定位。

　　試想如果每所科技大學接受高中生，逐步發展為綜合大學，何必在高中階段區分高中及高職？又何必在大學階段區分為師範、科技、綜合、藝術及理工呢？就如英國（現代、文法、綜合高中）與法國（各類高中）在高中階段都有不同類型高中，不同類型學校畢業生僅升往與先前學習有關的學校就讀，其學制設計就是有其道理存在。尤其，日趨專業分工的社會，在大學階段沒有讓學習者找到學習方向、沒讓大學找出應有發展方向，更讓社會、產業與大學在培育人力上無法結合。例如社會各行各業需要不同專業人力，而大學所培養的人才卻是樣樣通、樣樣不精，這形成大學教育資源更大的浪費。

　　另外當局認為，同校雙軌制是在解決科技大學的學習僅有理論沒有實務課程的問題。假使職業教育真的在這方面的問題嚴重，當局更應該以釜底抽薪的方式，來檢討科技大學在這方面的問題，而不是將這些學生轉移至普通大學之後，就不會有問題的一廂情願作法。

　　當前教育當局最應檢討的是：為何高職畢業生升大學比率會比

就讀普通大學的低？是技術職業學習提供升學機會不足，還是學生本身就沒有興趣？或科技大學本身沒有誘因讓學生有升學的動機？而不是經由普通大學來提供升學機會給高職畢業生。更重要的是高職畢業生不應自廢武功，有了高職的知識與能力基礎，卻要放棄這些能力，而在大學之後重新學習。

更重要的是，教育部應朝兩個重要方向進行。一是掌握高級中學學生職業性向、興趣及學習方向。另一是對高中職學生生涯輔導的從長計畫。就前者而言，會有同校雙軌的策略是在於期待在大學之後可以讓學生的學習興趣及學習方向獲得實現，為何到大學還要進行這樣的工作？這導因於高中職學生在對自我概念認識、學習興趣及方向等都未能掌握，因而糊塗的學習高中三年，盲目的升學，並未了解進入大學或升學的目的，所以才要在大學進行同校雙軌的學習試探。就後者而言，因為高級中學並沒有落實學生生涯輔導，所以學生不了解自我的學習方向，在生涯發展並未確實掌握的前提下，日後在大學同校雙軌制度亦無法解決學生問題。

總之，同校雙軌制不僅未能考量各大學的主體性、特色、定位、可以提供學習的師資、設備及相關教育資源，更重要的是打亂了高等教育學制及其學校類型，同時也扭曲現行高中職的教育目標及學校的發展方向。

■ 本章討論問題

一、您覺得台灣的高等教育有哪些問題，可否明確舉例？

二、台灣的高等教育量擴充之後，會有哪些後續問題產生呢？

三、台灣已有一百五十三所大專校院，如果政府又新設大學，您的看法如何？

四、大學公法人的意義何在？如果要讓大學公法人化，您覺得它的配套何在？

五、台灣的高等教育有哪些問題值得政府整頓的呢？

六、大學整併可行嗎？為什麼？

七、政府如將少數資源投入在幾所大學，來推展拔尖計畫，您覺得合理嗎？

八、大學應如何進行評鑑呢？以學生角度應如何進行？以學校主管或教育當局觀點要如何進行？可否陳述您的看法？

九、高等教育擴張會衍生失業問題，您覺得還要擴張高等教育量嗎？

十、您覺得大學退學率偏低，究竟對學校與學生是好還是壞呢？

十一、目前教育部對國立大學校長遴選有哪些問題，您可否舉例說明？

十二、目前台灣的大學研究所有哪些問題，您可否舉例說明？

國家圖書館出版品預行編目資料

教育議題的思考／張芳全著. --初版.--
臺北市：心理，2005（民 94）
面；　公分.--（教育願景；25）

ISBN 957-702-816-0（平裝）

1. 教育─論文,講詞等

520.7　　　　　　　　　　　　94014756

教育願景 25　**教育議題的思考**

作　　者：張芳全
執行編輯：李　晶
總 編 輯：林敬堯
出 版 者：心理出版社股份有限公司
社　　址：台北市和平東路一段 180 號 7 樓
總　　機：(02) 23671490　　傳　真：(02) 23671457
郵　　撥：19293172　心理出版社股份有限公司
電子信箱：psychoco@ms15.hinet.net
網　　址：www.psy.com.tw
駐美代表：Lisa Wu　　tel: 973 546-5845　　fax: 973 546-7651
登 記 證：局版北市業字第 1372 號
電腦排版：辰皓國際出版製作有限公司
印 刷 者：辰皓國際出版製作有限公司
初版一刷：2005 年 9 月

定價：新台幣 250 元　　■有著作權‧侵害必究■
ISBN 957-702-816-0

讀者意見回函卡

No. ＿＿＿＿＿　　　　　　　　　　　填寫日期：　年　月　日

感謝您購買本公司出版品。為提升我們的服務品質，請惠填以下資料寄回本社【或傳真(02)2367-1457】提供我們出書、修訂及辦活動之參考。您將不定期收到本公司最新出版及活動訊息。謝謝您！

姓名：＿＿＿＿＿＿＿＿＿＿　性別：1□男　2□女

職業：1□教師 2□學生 3□上班族 4□家庭主婦 5□自由業 6□其他＿＿＿

學歷：1□博士 2□碩士 3□大學 4□專科 5□高中 6□國中 7□國中以下

服務單位：＿＿＿＿＿＿＿＿＿　部門：＿＿＿＿＿　職稱：＿＿＿＿＿

服務地址：＿＿＿＿＿＿＿＿＿＿＿　電話：＿＿＿＿　傳真：＿＿＿＿

住家地址：＿＿＿＿＿＿＿＿＿＿＿　電話：＿＿＿＿　傳真：＿＿＿＿

電子郵件地址：＿＿＿＿＿＿＿＿＿＿＿＿＿＿＿＿＿＿＿＿

書名：＿＿＿＿＿＿＿＿＿＿＿＿＿＿＿＿＿＿＿＿＿＿

一、您認為本書的優點：（可複選）

　❶□內容 ❷□文筆 ❸□校對 ❹□編排 ❺□封面 ❻□其他＿＿

二、您認為本書需再加強的地方：（可複選）

　❶□內容 ❷□文筆 ❸□校對 ❹□編排 ❺□封面 ❻□其他＿＿

三、您購買本書的消息來源：（請單選）

　❶□本公司 ❷□逛書局⇨＿＿＿＿書局 ❸□老師或親友介紹

　❹□書展⇨＿＿＿書展 ❺□心理心雜誌 ❻□書評 ❼其他＿＿＿＿

四、您希望我們舉辦何種活動：（可複選）

　❶□作者演講 ❷□研習會 ❸□研討會 ❹□書展 ❺□其他＿＿

五、您購買本書的原因：（可複選）

　❶□對主題感興趣 ❷□上課教材⇨課程名稱＿＿＿＿＿＿＿＿

　❸□舉辦活動 ❹□其他＿＿＿＿＿＿＿　　（請翻頁繼續）

廣	告	回	信
台 北 郵 局 登 記 證
台 北 廣 字 第 940 號

（免貼郵票）

心 理 出 版 社 股份有限公司

台北市 106 和平東路一段 180 號 7 樓

TEL: (02) 2367-1490
FAX: (02) 2367-1457
EMAIL: *psychoco@ms15.hinet.net*

沿線對折訂好後寄回

六、您希望我們多出版何種類型的書籍

❶□心理 ❷□輔導 ❸□教育 ❹□社工 ❺□測驗 ❻□其他

七、如果您是老師，是否有撰寫教科書的計劃：□有□無

書名／課程：＿＿＿＿＿＿＿＿＿＿＿＿＿＿＿

八、您教授／修習的課程：

上學期：＿＿＿＿＿＿＿＿＿＿＿＿＿＿＿

下學期：＿＿＿＿＿＿＿＿＿＿＿＿＿＿＿

進修班：＿＿＿＿＿＿＿＿＿＿＿＿＿＿＿

暑　假：＿＿＿＿＿＿＿＿＿＿＿＿＿＿＿

寒　假：＿＿＿＿＿＿＿＿＿＿＿＿＿＿＿

學分班：＿＿＿＿＿＿＿＿＿＿＿＿＿＿＿

九、您的其他意見

＿＿＿＿＿＿＿＿＿＿＿＿＿＿＿＿＿＿＿

謝謝您的指教！　　　　　　　46025